O QUINTO COMPROMISSO

DON MIGUEL RUIZ
DON JOSE RUIZ

O QUINTO COMPROMISSO

O LIVRO DA FILOSOFIA TOLTECA
COM JANET MILLS

UM GUIA PRÁTICO PARA O AUTODOMÍNIO

Tradução
Gabriel Zide Neto

19ª edição

Rio de Janeiro | 2024

TÍTULO ORIGINAL
The Fifth Agreement:
A Practical Guide to Self-Mastery

DESIGN DE CAPA
Leticia Quintilhano

REVISÃO
Priscila Catalão

CIP-BRASIL. CATALOGAÇÃO NA PUBLICAÇÃO
SINDICATO NACIONAL DOS EDITORES DE LIVROS, RJ

R884q
19ª ed.

Ruiz, Miguel, 1952-
O quinto compromisso: um guia prático para o autodomínio / Don Miguel
Ruiz; tradução Gabriel Zide Neto. – 19ª ed. – Rio de Janeiro: BestSeller, 2024.

Tradução de: The fifth agreement: a pratical guide to self-*mastery*
ISBN 978-65-5712-207-5

1. Filosofia tolteca. 2. Crença e dúvida. 3. Conduta. I. Ruiz, José. II. Zide Neto,
Gabriel. III. Título.

21-77764

CDD: 299.79
CDU: 258

Gabriela Faray Ferreira Lopes – Bibliotecária – CRB-7/6643

Texto revisado segundo o novo Acordo Ortográfico da Língua Portuguesa.

Copyright © 2010 by Miguel Angel Ruiz, M.D., Jose Luis Ruiz and Janet Mills
Original English language publication by Amber-Allen Publishing, Inc., San Rafael, CA
94903 U.S.A.

Copyright da tradução © 2022 by Editora Best Seller Ltda.

Todos os direitos reservados. Proibida a reprodução,
no todo ou em parte, sem autorização prévia por escrito da editora,
sejam quais forem os meios empregados.

Direitos exclusivos de publicação em língua portuguesa para o Brasil
adquiridos pela
EDITORA BEST SELLER LTDA.
Rua Argentina, 171, parte, São Cristóvão
Rio de Janeiro, RJ – 20921-380
que se reserva a propriedade literária desta tradução.

Impresso no Brasil

ISBN 978-65-5712-207-5

Seja um leitor preferencial Record.
Cadastre-se no site www.record.com.br e receba informações
sobre nossos lançamentos e nossas promoções.

Atendimento e venda direta ao leitor:
sac@record.com.br

A todo ser humano que
vive nesse lindo planeta e
às gerações que estão por
vir.

Agradecimentos

Os autores desejam expressar sua cordial gratidão às seguintes pessoas: Janet Mills, a mãe deste livro; Judy Segal, por todo seu amor e seu apoio; Ray Chambers, por iluminar o caminho; Oprah Winfrey e Ellen DeGeneres, por compartilharem a mensagem de *Os quatro compromissos* com tanta gente; Ed Rosenberg e o major-general Riemer, pelo reconhecimento de *Os quatro compromissos* num medalhão da Força Aérea americana; Gail Mills, Karen Kreiger e Nancy Carleton, por contribuírem generosamente com seu tempo e seu talento para a realização deste livro; e a Joyce Mills, Maiya Champa, Dave McCullough, Theresa Nelson e Shkiba Samimi-Amri, por sua dedicação e seu apoio contínuo aos ensinamentos dos toltecas.

Sumário

Agradecimentos 7

Os toltecas 11

Introdução 13

Parte I
O poder dos símbolos

1. No princípio — Está tudo programado 19

2. Símbolos e acordos — A arte dos seres humanos 29

3. A história sobre você — O primeiro compromisso:
   Seja impecável com sua palavra 39

4. Cada mente é um mundo — O segundo compromisso:
   Não leve nada para o lado pessoal 49

5. Verdade ou ficção — O terceiro compromisso:
Não tire conclusões 61

6. O poder das crenças — O símbolo do Papai Noel 73

7. A prática faz o mestre — O quarto compromisso:
Sempre dê o melhor de si 83

Parte II
O poder da dúvida

8. O poder da dúvida — O quinto compromisso:
Seja cético, mas aprenda a escutar 93

9. O sonho da primeira atenção — As vítimas 107

10. O sonho da segunda atenção — Os guerreiros 119

11. O sonho da terceira atenção — Os mestres 137

12. Tornando-se um visionário — Um novo ponto
de vista 157

13. As três línguas — Que tipo de mensageiro
você é? 171

Epílogo 183
Sobre os autores 189

Os toltecas

Milhares de anos atrás, no sul do México, os toltecas eram conhecidos como "homens e mulheres de sabedoria". Antropólogos se referem a eles como uma nação ou raça, mas na verdade eram cientistas e artistas que se associaram para explorar e conservar a sabedoria espiritual e as práticas dos antigos. Eles se reuniam como mestres *naguals* e discípulos em Teotihuacan, a antiga cidade de pirâmides próxima à Cidade do México, conhecida como o lugar onde "o homem se torna Deus". Ao longo dos milênios, os *naguals* foram obrigados a manter sua existência na clandestinidade. A conquista europeia, aliada ao mau uso do poder pessoal por alguns poucos aprendizes, tornou necessário ocultar o conhecimento ancestral daqueles que não estavam preparados para usá-lo devidamente — ou que pretendiam usá-lo apenas para benefício próprio.

12 ❧ *O quinto compromisso*

Felizmente, a sabedoria esotérica tolteca já estava incorporada e foi transmitida por gerações de diferentes linhagens de *naguals*. Embora tenham permanecido envoltas em segredo por centenas de anos, as antigas profecias anunciavam a vinda de uma era em que seria necessário devolver a sabedoria ao povo. Agora, Don Miguel Ruiz e Don Jose Ruiz (*naguals* da linhagem dos Cavaleiros da Águia) foram indicados para compartilhar conosco os poderosos ensinamentos dos toltecas.

Tal sabedoria emerge da mesma unidade essencial de verdade de todas as tradições esotéricas ao redor do mundo. Embora não seja uma religião, honra a todos os mestres espirituais que já ensinaram aqui na Terra. Por envolver o espírito, é descrita com maior precisão como um modo de vida, caracterizada como fonte de felicidade e amor.

Introdução
Don Miguel Ruiz

Os quatro compromissos foi publicado há muitos anos. Se você o leu, já sabe o que esses compromissos podem fazer. Eles têm a capacidade de transformar sua vida ao quebrar milhares de acordos limitantes que você fez consigo mesmo, com os outros e com a *vida*.

A primeira vez que você lê *Os quatro compromissos*, ele começa a fazer sua mágica, que vai muito além das palavras que há no livro. Você sente que conhece cada palavra escrita no livro. Sente isso, mas talvez nunca o tenha colocado em palavras. Quando você lê o livro pela primeira vez, ele põe à prova aquilo em que você acredita, levando você ao limite de sua compreensão. Você rompe com muitos acordos limitantes e supera muitos desafios, mas passa a vislumbrar novos desafios.

Quando lê *Os quatros compromissos* pela segunda vez, parece que está lendo um livro completamente diferente, porque os limites da sua compreensão já foram expandidos. E, mais uma vez, ele leva você a uma consciência mais profunda do que pode atingir naquele momento. E quando você o lê pela terceira vez, é como se estivesse lendo algo totalmente diferente.

E, como num passe de mágica, porque realmente *é* uma mágica, os Quatro Compromissos lentamente o ajudam a recuperar seu eu autêntico. Com a prática, esses quatro simples compromissos o conduzem àquilo que você *realmente* é (e não àquilo que finge ser), e é aí que você deseja estar: sendo aquilo que você é.

Os princípios de *Os quatro compromissos* falam ao coração de todos os seres humanos, dos jovens aos idosos. Eles falam a pessoas de diferentes culturas no mundo inteiro — pessoas que falam diferentes idiomas, cujas religiões e crenças filosóficas são completamente diferentes; que foram instruídas em escolas de diversos tipos, do ensino fundamental ao ensino médio, até a universidade. Os princípios de *Os quatro compromissos* alcançam a todos porque são o mais puro bom senso.

Agora está na hora de dar a você mais um presente: *O quinto compromisso*. Ele não foi incluído no primeiro livro porque os quatro primeiros compromissos já eram um desafio suficientemente grande àquela época. O quinto compromisso se constitui de palavras, obviamente, mas sua intenção e seu significado vão além delas; em última análise, refere-se à capacidade de ver toda a realidade pelos olhos da verdade, *sem* as palavras. O resultado de praticar o quinto compromisso é a aceitação completa de si mesmo, exatamente do jeito que você é, e de todas as outras pessoas exatamente como elas são. A recompensa é a sua felicidade eterna.

Muitos anos atrás, comecei a ensinar alguns dos conceitos desse livro a meus aprendizes, mas tive de parar porque ninguém parecia entender o que eu tentava dizer. Embora tenha compartilhado o quinto compromisso com meus discípulos, descobri que ninguém estava pronto para aprender os ensinamentos que permeiam esse compromisso. Anos mais tarde, meu filho, Don Jose, começou a compartilhar esses mesmos ensinamentos com um grupo de alunos e obteve êxito onde eu havia falhado. Talvez a razão do sucesso tenha sido sua fé absoluta na disseminação da mensagem. Apenas sua presença já falava a verdade e desafiava as crenças das pessoas que participavam das aulas. Ele fez uma grande diferença na vida delas.

Don Jose Ruiz foi meu aprendiz desde criança, desde que aprendeu a falar. Neste livro, tenho a honra de apresentar meu filho e de revelar a essência dos ensinamentos que transmitimos juntos por um período de sete anos.

Para manter a mensagem o mais pessoal possível e a voz da primeira pessoa usada nos livros anteriores da série de sabedoria tolteca, optamos por apresentar *O quinto compromisso* no mesmo estilo de narrativa pessoal. Neste livro, falamos ao leitor com uma só voz e um só coração.

Parte I

O PODER DOS SÍMBOLOS

1

No princípio

Está tudo programado

A partir do momento em que nasce, você manda uma mensagem ao mundo. Que mensagem é essa? A mensagem é *você*, aquela criança. É a presença de um *anjo*, um mensageiro do infinito em um corpo humano. O infinito, que é um poder total, cria um programa só para você, e tudo de que precisa para ser o que é está nesse programa. Você nasce, cresce, se casa, envelhece e, no fim, volta ao infinito. Cada célula de seu corpo é um universo por si só; é inteligente, completa e programada para ser o que é.

Você é programado para ser *você*, o que quer que você seja, e não faz a menor diferença para o programa o que sua mente *pensa* que você é, pois ele não está na mente pensante. Está no corpo, naquilo que chamamos de *DNA*, e, no começo, você segue instintivamente essa sabedoria. Quando você é uma criança bem pequena, você sabe do que gosta, do que não gosta, quando gosta e quando não gosta. Você vai atrás de suas preferências e tenta evitar aquilo que não quer; segue seus instintos, que lhe guiam para a felicidade, para curtir a vida, para amar e suprir suas necessidades. E aí, o que acontece?

Seu corpo começa a se desenvolver, sua mente começa a amadurecer, e você passa a utilizar símbolos para transmitir suas mensagens. Assim como os passarinhos compreendem uns aos outros, e da mesma forma que os gatos se entendem, os seres humanos se entendem por meio de uma simbologia. Se você tivesse nascido em uma ilha e vivido totalmente sozinho, poderia levar dez anos, mas acabaria dando um nome a tudo o que visse e usaria essa língua para comunicar uma mensagem, mesmo que ela fosse apenas para si mesmo. E por que você faria isso? Bem, isso é fácil de entender, e não só porque os seres humanos são tão inteligentes. É porque nós somos programados para criar uma linguagem, para inventar uma simbologia completa para nós mesmos.

Como se sabe, no mundo inteiro os humanos falam e escrevem em milhares de idiomas diferentes. Os seres humanos inventaram todo tipo de símbolo para se comunicar não só com outros humanos, mas, acima de tudo, consigo mesmos. Os símbolos podem ser sons que emitimos, ações que praticamos ou escritas e sinais de natureza gráfica. Existem símbolos para objetos, ideias, música e matemática, mas a introdução do som é o primeiríssimo passo, o que significa que aprendemos a usar os símbolos para falar.

Os humanos que vieram antes de nós já deram um nome a tudo o que existe e nos ensinam o significado dos sons. Chamam isso de uma *mesa* e aquilo de uma *cadeira*. Eles também têm nomes para coisas que só existem na imaginação, como sereias e unicórnios. Cada palavra que aprendemos é um símbolo para alguma coisa real ou imaginária e há milhares de palavras para se aprender. Se observarmos crianças de 1 a 4 anos de idade, podemos ver o esforço que elas fazem ao tentar aprender toda a simbologia. É um grande esforço do qual geralmente não nos lembramos, porque nossa mente ainda não estava madura, mas com a repetição e com a prática finalmente aprendemos a falar.

Depois que aprendemos a falar, os humanos que tomam conta de nós ensinam o que sabem, o que quer dizer que eles nos programam com conhecimento. Os humanos com os quais convivemos dispõem de muita sabedoria, incluindo todas as regras morais, religiosas e sociais de sua cultura. Eles capturam a nossa atenção, transmitem essas informações e nos ensinam a ser como eles. Aprendemos a como ser homem ou mulher de acordo com a sociedade em que nascemos; a nos comportar da forma "correta" em nosso meio, ou seja, como um "bom" ser humano.

Na verdade, somos domesticados da mesma maneira que um cachorro, um gato ou qualquer animal: por um sistema de

22 ❧ *O quinto compromisso*

punições e recompensas. Dizem que somos um *bom menino* ou uma *boa menina* quando fazemos aquilo que os adultos querem que façamos; e que somos um *menino malvado* ou uma *menina má* quando não fazemos o que eles querem. Às vezes somos punidos sem termos feito nada de errado, em outras somos recompensados sem termos feito nada de bom. Devido ao medo de sermos punidos e de não conseguirmos recompensas, começamos a tentar agradar às pessoas. Tentamos ser bonzinhos, já que os maus não são recompensados, mas punidos.

Na domesticação humana, todas as regras e valores de nossa família e de nossa sociedade nos são impostos. Não temos a oportunidade de escolher nossas crenças; dizem-nos no que devemos acreditar e no que não devemos. As pessoas com quem vivemos dão suas opiniões: o que é bom e o que é ruim, o que é certo e o que é errado, o que é feio e o que é bonito. Como um computador, fazemos um download de tudo isso para a nossa cabeça. Somos inocentes; *acreditamos* no que nossos pais ou outros adultos dizem; *concordamos*, e a informação é armazenada em nossa memória. Tudo o que aprendemos entra em nossa mente por convenção e permanece lá por convenção, mas primeiro ela passa pelo estágio da atenção.

A atenção é muito importante nos seres humanos porque é a parte da mente que torna possível nos concentrarmos num único objeto ou pensamento entre uma ampla gama de possibilidades. Por meio da atenção, a informação que vem de fora é passada para dentro e vice-versa. A atenção é o canal que utilizamos para receber e mandar mensagens de um ser humano para outro. É como uma ponte de uma mente para outra; nós a abrimos com sons, sinais, símbolos, toques — com qualquer evento que capte nossa atenção. É assim que ensinamos e é assim que aprendemos. Não podemos ensinar nada se não tivermos a atenção de alguém; não podemos aprender nada se não prestarmos atenção.

Usando a atenção, os adultos nos ensinam a criar uma realidade completa em nossa mente com o uso de símbolos. Depois de nos ensinarem uma simbologia pelo som, os adultos nos treinam com o alfabeto, e aprendemos a mesma linguagem de antes, só que graficamente. Nossa imaginação começa a se desenvolver, nossa curiosidade fica mais aguçada e nós começamos a fazer perguntas. Perguntamos, perguntamos e continuamos a perguntar; juntamos informações de todos os lugares. E sabemos que finalmente dominamos a linguagem quando somos capazes de usar os símbolos para falar com nós mesmos, em nossa cabeça. Isso acontece quando aprendemos a *pensar*. Antes disso, nós não pensamos; imitamos sons e usamos símbolos para estabelecer comunicação, mas a vida é simples antes de atrelarmos qualquer significado ou emoção a esses símbolos.

Uma vez que damos significados aos símbolos, começamos a utilizá-los para tentar dar sentido a tudo o que acontece em nossa vida. Usamos os símbolos para pensar em coisas que são reais e em coisas que, mesmo não sendo reais, nós começamos a pensar que são, como o que é bonito e o que é feio, gordo e magro, inteligente e burro. E, se você perceber, vai ver que só conseguimos pensar

24   *O quinto compromisso*

numa linguagem que dominamos. Por muitos anos eu só falava espanhol, e demorou muito até que dominasse uma quantidade suficiente de símbolos em inglês a ponto de conseguir pensar em inglês. Dominar um idioma não é fácil, mas, em determinado momento, acabamos *pensando* com os símbolos que aprendemos.

Quando chega a hora de ir para a escola, lá pelos 5 ou 6 anos de idade, já entendemos o significado de conceitos abstratos como certo e errado, vencedor e perdedor, perfeito e imperfeito. Na escola, continuamos aprendendo a ler e escrever os símbolos que já conhecemos, e a linguagem escrita permite que acumulemos mais conhecimentos. Continuamos a dar significado para mais e mais símbolos, e o ato de pensar passa a ser automático e sem esforço.

A essa altura, os símbolos que aprendemos, por si só, capturam nossa atenção. O que nós sabemos é que falam com a gente e nós ouvimos o que nosso conhecimento diz. Chamo a isso de *a voz do conhecimento* porque é o conhecimento que está falando em nossa cabeça. Muitas vezes nós ouvimos essa voz com tonalidades diferentes; ouvimos a voz de nossa mãe, nosso pai, nossos irmãos, e a voz nunca para de falar. A voz não é real; é uma criação nossa. Mas nós *acreditamos* que seja real porque damos vida a ela por meio do poder de nossa fé, ou seja, acreditamos *sem a menor sombra de dúvida* no que a voz está nos dizendo. E é aí que as opiniões dos humanos à nossa volta começam a tomar conta de nossa mente.

Todos têm uma opinião sobre nós, e eles dizem o que somos. Quando somos bem pequenos, não sabemos quem somos. A única maneira que temos de nos ver é por meio de um espelho, representado pelas outras pessoas. Nossa mãe diz o que somos, e nós acreditamos nela. E isso é completamente diferente do que nosso pai nos diz, ou do que dizem nossos irmãos, mas também concordamos com eles. As pessoas falam da nossa aparência, e isso acontece ainda mais quando somos pequenos. "Olha, você tem os olhos da sua mãe e o nariz do seu avô." Ouvimos todas as opiniões da nossa família, dos nossos professores e dos colegas mais velhos da escola. Vemos nossa imagem refletida nesses espelhos, e, tão logo concordemos, essa opinião passa a ser parte de um sistema de crenças. Pouco a pouco, todas essas opiniões modificam nosso comportamento, e na nossa cabeça formamos uma imagem de nós mesmos de acordo com o que as outras pessoas falam de nós: "Sou bonito" ou "Não sou lá muito bonito". "Sou inteligente" ou "Não sou muito inteligente". "Sou um vencedor" ou "sou um perdedor". "Eu sou bom nisso" e "sou uma negação naquilo".

Em determinado ponto, todas as opiniões dos nossos pais e professores, da religião e da sociedade, nos fazem pensar que precisamos ser de uma determinada maneira para que sejamos aceitos. Elas nos dizem a forma como *deveríamos* ser, como *deveria* ser a nossa aparência e como *deveríamos* nos comportar. Precisamos nos comportar *desta* maneira e não *daquela* — e como não aprovam que sejamos o que somos, começamos a fingir ser o que não somos. O medo da rejeição torna-se o medo de não ser bom o bastante, e começamos a procurar uma coisa chamada *perfeição*. Em nossa busca, formamos uma imagem

26 ❧ *O quinto compromisso*

da perfeição, da maneira que gostaríamos de ser, mas que sabemos que não somos, começando a nos julgar por isso. Não gostamos de nós mesmos e começamos a dizer: "Veja como você parece um idiota, o quanto você é feio. Veja como você é gordo, baixinho, fraco e burro." É aí que começa o drama, porque agora os símbolos se voltam contra nós. E sequer percebemos que aprendemos a usar os símbolos para nos rejeitar.

Antes da domesticação, não nos importamos com o que somos ou com nossa aparência. Temos a tendência de explorar, expressar nossa criatividade, buscar o prazer e evitar a dor. Como crianças, somos livres e selvagens; corremos nus por aí, sem autojulgamentos ou autoconsciência. Falamos a verdade porque vivemos nela. Nossa atenção está no momento; não temos medo do futuro nem vergonha do passado. Depois da domesticação, tentamos ser bons o suficiente para todo mundo, mas não somos bons o bastante para nós mesmos, porque nunca conseguimos estar à altura de nossa imagem de perfeição.

Todas as nossas tendências humanas normais são perdidas no processo de domesticação, e, com isso, começamos a procurar aquilo que perdemos. Começamos a ir atrás da liberdade porque não somos mais livres para ser quem realmente somos; começamos a procurar felicidade porque não somos mais felizes; começamos a procurar beleza porque não acreditamos mais que sejamos bonitos.

Nós continuamos a crescer, e, na adolescência, nosso corpo é programado para produzir uma substância que chamamos de *hormônios*. Nosso corpo físico não é mais o de uma criança, e não nos encaixamos mais no modo de vida anterior. Não queremos ouvir nossos pais dizendo o que fazer e o que não fazer. Queremos liberdade; queremos ser nós mesmos, mas também temos medo de ficar sozinhos. As pessoas nos dizem: "Você já não é mais criança", mas também não somos adultos, e esse é um período difícil para a maioria dos seres humanos. Quando chega a adolescência, não precisamos de mais ninguém para nos domesticar; já aprendemos a nos julgar, a nos punir e a nos recompensar de acordo com o mesmo sistema de crenças que nos foi imposto e usando o mesmo sistema de punições e recompensas. A domesticação pode ser mais fácil para pessoas em alguns lugares do mundo e mais difícil em outros, mas geralmente nenhum de nós tem chance de escapar dela. Nenhum de nós.

Finalmente, o corpo amadurece, e tudo muda outra vez. Começamos mais uma busca, mas agora, cada vez mais, o que procuramos é o nosso *eu*. Procuramos amor porque aprendemos a acreditar que o amor é algo que se encontra fora de nós; procuramos justiça porque ela não existe no sistema de crenças que nos ensinaram; procuramos a verdade porque só acreditamos nos conhecimentos que temos armazenados em nossa mente. E, obviamente, continuamos procurando a perfeição, porque agora nós concordamos com o resto da raça humana que "ninguém é perfeito".

2

Símbolos e acordos

A arte dos seres humanos

*D*urante todos esses anos em que crescemos, fazemos inúmeros acordos com nós mesmos, com a sociedade e com todos à nossa volta. Mas os acordos mais importantes são aqueles que fazemos com nós mesmos, ao compreendermos os símbolos que aprendemos. Esses símbolos nos dizem em que acreditamos a nosso respeito; dizem o que somos e o que não somos, o que é possível e o que não é. A voz do conhecimento está nos dizendo tudo o que já sabemos, mas quem vai dizer se aquilo que sabemos é a verdade?

Quando estamos no ensino fundamental, no ensino médio e na faculdade, adquirimos um bocado de conhecimentos, mas

30   *O quinto compromisso*

o que realmente sabemos? Nós dominamos a verdade? Não, dominamos uma língua, uma simbologia, e essa simbologia só é verdadeira porque *concordamos* com ela, e não porque seja *realmente* a verdade. Onde quer que tenhamos nascido, seja qual for o idioma que tenhamos aprendido a falar, nós descobrimos que quase tudo o que sabemos na verdade são convenções, a começar pelos símbolos que aprendemos.

Se nascemos na Inglaterra, aprendemos símbolos ingleses. Se nascemos na China, aprendemos símbolos chineses. Mas independentemente de aprendermos inglês, chinês, espanhol, alemão, russo ou qualquer outra língua, esses símbolos só têm valor porque nós lhes atribuímos um, concordando sobre terem um significado. Se não concordamos, então esses símbolos não têm sentido algum. A palavra *árvore*, por exemplo, exprime algo para as pessoas que falam português, mas "árvore" não significa nada se não *acreditarmos* que significa alguma coisa, se não *concordarmos com isso*. O que isso significa para você também significa para mim, e é por isso que conseguimos nos entender. Você só pode entender o que estou falando aqui porque concordamos com o significado de todas as palavras que foram programadas na nossa mente. Mas isso não quer dizer que concordemos inteiramente. Cada um de nós dá um significado para cada palavra, e ele nem sempre é o mesmo para todas as pessoas.

Se concentrarmos nossa atenção na maneira como cada palavra é criada, veremos que qualquer significado que atribuímos a uma palavra não tem qualquer razão real para existir.

Símbolos e acordos ❧ *31*

Juntamos palavras a partir do nada; inventamo-nas. Os seres humanos inventam todos os sons, todas as letras e todos os símbolos gráficos. Ouvimos um som parecido com "A" e dizemos: "Esse é o símbolo para este som." Desenhamos um símbolo para representar esse som, colocamos o símbolo e o som juntos e lhes damos um significado. E assim, toda palavra que existe em nossa mente tem um significado, mas não por ser real, não por ser verdadeiro. É apenas um acordo que fazemos com nós mesmos, e com todas as outras pessoas que aprenderam a mesma simbologia.

Se viajarmos para um país onde as pessoas falam um idioma diferente, percebemos de repente a importância e o poder do acordo. *Un árbol es sólo un árbol, el sol es sólo el sol, la tierra es sólo la tierra si estamos de acuerdo. Ένα δέντρο Είναι μονάχα ένα δέντρο, ο ήλιος Είναι μονάχα ο ήλιος, η γη Είναι μονάχα η γη, αν συμφωνούμε. Ein Baum ist nur ein Baum, die Sonne ist nur die Sonne, die Erde ist nur die Erde, wenn wir uns darauf verständigt haben.* 壴只士們也, 太 壴只士們也, 壴只士們士也, 壴只士們士們士也. Uma *árvore* é só uma *árvore*, o *sol* é só o *sol* e a *terra* é só a *terra* se nós concordarmos com isso. Esses símbolos não têm qualquer significado na França, na Rússia, na Turquia, na Suécia ou em qualquer outro lugar onde as convenções sejam diferentes.

Se aprendemos a falar português e vamos para a China, vamos ouvir as pessoas falando, mas não vamos entender uma palavra do que estão dizendo. Nada faz sentido para nós porque não é a simbologia que aprendemos. Muitas coisas são

32   ❧   *O quinto compromisso*

estranhas para nós; é como estar em outro mundo. Se visitarmos seus locais religiosos, descobriremos que suas crenças são completamente diferentes, assim como os rituais, e que suas mitologias não têm nada a ver com as que aprendemos. Uma maneira de entender sua cultura é aprendendo os símbolos que eles usam, ou seja, sua linguagem, mas se aprendermos uma nova maneira de ser, uma nova religião ou filosofia, isso pode entrar em conflito com o que aprendemos antes. Novas crenças se digladiam com as antigas, e a dúvida não demora a surgir: "O que está certo e o que está errado? Será que é verdade o que aprendi antes? Será que é verdade o que eu estou aprendendo agora? Qual é a verdade?"

A verdade é que todo o nosso conhecimento — e isto quer dizer cem por cento dele — não é nada além de simbolismo ou palavras que inventamos para a necessidade de entender e expressar o que percebemos. Cada palavra em nossa mente e nesta página é apenas um símbolo, mas todas têm o poder da nossa fé porque *acreditamos* em seu significado sem qualquer dúvida. Os seres humanos constroem todo um sistema de crenças a partir de símbolos; criamos todo um edifício de conhecimento. Então usamos tudo o que conhecemos, que não passa de simbologia, para justificar aquilo em que acreditamos, para tentar explicar primeiro para nós mesmos, e então para todos à nossa volta, a maneira como nos percebemos, a maneira como percebemos todo o universo.

Se tivermos essa consciência, então será fácil entender por que todas as diversas mitologias, religiões e filosofias do mundo, todas as diferentes crenças e maneiras de pensar não passam de acordos com nós mesmos e com os outros seres humanos. São criações nossas, mas será que são verdadeiras? Tudo que existe é verdadeiro: a terra é de verdade, as estrelas são de verdade, todo o universo sempre foi de verdade. Mas os símbolos que usamos para construir o que sabemos só são verdadeiros porque nós estabelecemos isso.

Há uma linda história na Bíblia que ilustra a relação entre Deus e os seres humanos. Nessa história, Adão e Deus estão passeando juntos pelo mundo, e Deus pergunta a Adão como ele quer nomear as diversas coisas. Uma por uma, Adão dá um nome a cada coisa que ele observa. "Vamos chamar isso aqui de *árvore*. Vamos chamar aquilo de *passarinho*. Vamos chamar isso de *flor*..." E Deus concorda com Adão. A história é sobre a criação dos símbolos, a criação de toda uma linguagem, e ela funciona por acordo.

São como dois lados da mesma moeda: podemos dizer que um dos lados é pura percepção, o que Adão percebe; o outro lado é o significado que Adão atribui àquilo que vê. Há o objeto da percepção, que é verdadeiro, e há a nossa interpretação da verdade, que é apenas um ponto de vista. Se a verdade é objetiva, nós a chamamos de *ciência*. Se nossa interpretação da verdade é subjetiva, nós a chamamos de *arte*. Ciência e arte — a verdade e a nossa interpretação da verdade. A verdade real

34 ᵔ‿ *O quinto compromisso*

é a criação da vida e é absoluta porque é a verdade para todo mundo. A interpretação da verdade é nossa criação e é relativa, porque só é verdade por convenção. Com essa consciência, podemos começar a entender a mente humana.

Todos os seres humanos são programados para perceber a verdade, e não precisamos de uma língua para isso. Mas para que se possa *expressar* a verdade, precisamos usar uma língua, e essa expressão é nossa arte. Não é mais a verdade, porque palavras são símbolos, e símbolos só podem representar ou "simbolizar" a verdade. Por exemplo, podemos ver uma árvore mesmo que não conheçamos o símbolo "árvore". Sem o símbolo, tudo o que vemos são apenas objetos. O objeto é real, é verdadeiro, e nós o percebemos. Uma vez que o chamamos de *árvore*, estamos usando a arte para expressar um ponto de vista. Ao utilizar mais símbolos, podemos descrever a árvore — cada folha, cada cor. Podemos dizer que é uma árvore grande, pequena, bonita ou feia, mas seria a verdade? Não, a árvore continua sendo a mesma árvore.

Nossa interpretação da árvore dependerá de nossa reação emocional à árvore, e a nossa reação emocional vai depender dos símbolos que nós utilizamos para recriar a árvore em nossa mente. Como você pode ver, nossa interpretação da árvore não é exatamente a verdadeira, mas um *reflexo* da verdade; a esse reflexo damos o nome de *mente humana*. A mente humana não passa de uma realidade virtual. Ela não é real. O que é real é de verdade. O que for verdadeiro o será para todo mundo. Mas a realidade virtual é nossa própria criação; é a nossa arte, e só é "verdade" para cada pessoa.

Todos nós, seres humanos, somos artistas. *Todos nós.* Cada símbolo, cada palavra, é um pedacinho de arte. Do meu ponto de vista, e graças à nossa programação, nossa maior obra de arte é usar a linguagem para criar uma realidade virtual completa dentro de nossa mente. A realidade virtual que nós criamos pode ser um reflexo evidente da verdade ou pode ser totalmente distorcido. De qualquer maneira, é uma arte. Nossa criação pode ser nosso paraíso ou nosso inferno pessoal. Não importa; continua sendo arte. Mas o que nós podemos fazer com a consciência do que é verdadeiro e do que é virtual é infinito. A verdade leva à liberdade pessoal, a uma vida muito fácil; nossa distorção da verdade geralmente leva a conflitos desnecessários e ao sofrimento humano. A consciência faz toda a diferença.

Seres humanos nascem dotados de consciência. Nascemos para perceber a verdade, mas acumulamos conhecimentos e aprendemos a negar aquilo que percebemos. Praticamos a não consciência e dominamos essa arte. A palavra é mágica pura, e nós aprendemos a usar essa mágica contra nós mesmos, contra criação, contra nossa espécie. Ser consciente significa abrir nossos olhos para enxergar a verdade. Quando vemos a verdade, vemos tudo da maneira como é, não da maneira como gostaríamos que fosse. A consciência abre as portas para milhões de possibilidades, e, se soubermos que somos os artistas de nossa própria vida, podemos escolher entre todas essas possibilidades.

O que estou compartilhando com você vem do meu treinamento pessoal, que chamo de *Sabedoria Tolteca. Tolteca* é uma palavra nahuatl que significa *artista*. Do meu ponto de vista, ser um *tolteca* não tem nada a ver com qualquer filosofia ou lugar no mundo. Ser tolteca é apenas ser artista. Um tolteca é um artista do espírito, e, como artistas, nós apreciamos a beleza; não gostamos do que não é bonito. Se nos tornarmos artistas melhores, nossa realidade virtual se tornará um reflexo melhor da verdade, e poderemos criar uma obra-prima do paraíso com a nossa arte.

Há milhares de anos, os toltecas criaram as três perícias do artista: *o domínio da consciência, o domínio da transformação* e o *domínio do amor, da intenção*, ou da *fé*. Essa divisão serve apenas para um melhor entendimento, porque os três domínios são apenas um. A verdade é só uma, e é dela que estamos falando. O domínio dessas três áreas nos guia para fora do sofrimento e nos faz retornar à nossa verdadeira natureza, que é de alegria, liberdade e amor.

Os toltecas compreendiam que nós vamos criar uma realidade virtual conscientemente ou não. Se for consciente, gostaremos dessa criação. E independentemente de facilitarmos essa transformação ou resistirmos a ela, nossa realidade virtual sempre se transforma. Se praticarmos a arte da transformação, em breve estaremos facilitando a transformação e, em vez de usar a mágica contra nós, estaremos utilizando-a para a expressão da nossa felicidade e do nosso amor. Quando dominamos o amor, a intenção ou a fé, dominamos o sonho da nossa vida; quando dominamos todas as três áreas, podemos reivindicar nossa divindade e nos unir a Deus. Esse é o objetivo dos toltecas.

Os toltecas não contavam com nenhuma das tecnologias que temos hoje; eles nada sabiam sobre a realidade virtual dos computadores, mas sabiam dominar a realidade virtual da mente humana. Este domínio exige o controle total da atenção — da maneira como nós interpretamos e reagimos às informações que percebemos do nosso interior e do mundo exterior. Os toltecas compreendiam que cada um de nós é exatamente como Deus, mas, em vez de criar, nós recriamos. E o que nós recriamos? Aquilo que percebemos. É isso o que faz a mente humana.

Se pudermos entender o que é a mente humana e o que ela faz, poderemos começar a distinguir a realidade verdadeira da realidade virtual, ou a percepção pura, que é verdadeira, da simbologia, que é arte. O autodomínio está totalmente relacionado à consciência e parte da autoconsciência. Primeiro, para se estar consciente do que é real, e para então se ter consciência do que é virtual, que é o que nós tomamos por realidade. Com essa conscientização, sabemos que podemos mudar o que é virtual mudando aquilo em que acreditamos. O que é real não pode ser mudado, e não faz diferença aquilo em que acreditamos.

3

A história sobre você

O primeiro compromisso:
Seja impecável com sua palavra

Por milhares de anos, os seres humanos tentaram entender o universo, a natureza e, principalmente, a natureza *humana*. É incrível observar os seres humanos em ação por todo o mundo, em todos os lugares e culturas diferentes que existem neste belo planeta Terra. Nós, humanos, fazemos um esforço considerável para entender, mas, ao fazer isso, tiramos muitas conclusões. Como artistas, distorcemos a verdade e criamos as teorias mais impressionantes; criamos filosofias completas e as religiões mais extraordinárias; criamos histórias e superstições sobre tudo, inclusive sobre nós mesmos. E essa é exatamente a questão principal: *nós criamos tudo isso*.

Os seres humanos nascem com o poder da criação, e constantemente criamos histórias com as palavras que aprendemos. Cada um de nós usa as palavras para formar nossas opiniões, para expressar um ponto de vista. Inúmeros eventos acontecem à nossa volta, e, usando a atenção, temos a capacidade de juntar todos esses acontecimentos e compor uma história. Criamos a história de nossa vida, a história de nossa família, a história da nossa comunidade, a história de nosso país, a história da humanidade e a história do mundo inteiro. Cada um de nós tem uma história que compartilha, uma mensagem que transmitimos a nós mesmos, a todo mundo e a tudo o que nos cerca.

Você foi programado para enviar uma mensagem, e a criação dessa mensagem é a sua maior arte. Que mensagem é essa? A sua *vida*. Com essa mensagem, você cria principalmente a história sobre você, e então uma história para tudo o que você percebe. Cria toda uma realidade virtual em sua cabeça e vive nessa realidade. Quando você pensa, está fazendo isso no seu idioma; está repetindo em sua mente todos os símbolos que significam alguma coisa para você. Está passando uma mensagem para si mesmo, e essa mensagem é verdadeira para você porque você acredita que essa é a verdade.

A história sobre você é tudo o que você sabe de você, e, quando digo isso, estou falando para você, conhecimento, o que você acredita ser, e não para *você*, o ser humano, quem você *realmente* é. Como se pode ver, faço uma distinção entre você e *você*, porque um desses é real, e o outro, não. *Você*, o ser humano físico, é real; *você* é a verdade. Você, conhecimento, não é real; você é virtual e só existe por causa dos acordos que fez consigo mesmo e com os outros humanos à sua volta. Você, conhecimento, vem dos símbolos que ouve em sua cabeça, de todas as opiniões das pessoas que você ama, das que você não ama e, principalmente, das que você nunca vai conhecer.

Quem está falando em sua cabeça? Você parte do princípio de que é você mesmo. Mas se é você quem está falando, então quem está escutando? Você, conhecimento, é quem está falando na própria cabeça, dizendo-lhe quem você é. *Você*, ser humano, está escutando, mas *você*, ser humano, já existia muito antes de ter conhecimento; muito antes de poder compreender todos esses símbolos, de ter aprendido a falar, e, exatamente como qualquer criança antes de aprender a falar, você era totalmente autêntico, não fingia ser o que não era. Sem sequer saber disso, você confiava inteiramente em si mesmo, se amava completamente. Antes de apreender o conhecimento, você era totalmente livre para ser quem você realmente é, porque todas as opiniões e histórias dos outros humanos ainda não estavam em sua cabeça.

Sua mente é cheia de conhecimento, mas como você o *usa*? Como você usa as palavras ao se descrever? Quando você se olha no espelho, gosta do que vê ou julga seu corpo usando todos aqueles símbolos para contar mentiras a si mesmo? Será que é *realmente* verdade que você é alto ou baixo demais, pesado ou magro demais? Será que é *realmente* verdade que você não possui beleza? Será que é *realmente* verdade que você não é perfeito simplesmente do jeito que você é?

Você consegue ver todos os julgamentos que tem sobre si mesmo? Cada julgamento é só uma opinião — apenas um ponto de vista —, e esse ponto de vista não existia quando você nasceu. Tudo o que você pensa sobre si mesmo, tudo em que você crê sobre você, é por ter aprendido isso. Você aprendeu as opiniões de sua mãe, de seu pai, de seus irmãos e da sociedade. Eles enviaram todas aquelas imagens de como um corpo deveria parecer; expressaram todas aquelas opiniões sobre como você é, como você não é, como você *deveria* ser. Eles enviaram uma mensagem, e você concordou com ela. E agora você pensa tantas coisas sobre quem você é, mas será que tudo é verdade?

Veja bem, o problema não é realmente o conhecimento; o problema é acreditar numa *distorção* do conhecimento — o que nós chamamos de uma *mentira*. O que é verdade e o que é mentira? O que é real e o que é virtual? Você consegue ver a diferença ou acredita naquela voz na sua cabeça cada vez que ela fala e distorce a verdade, assegurando que o que você acredita é realmente como o mundo é? Será que é *realmente* verdade que você não é um bom ser humano, que nunca será bom o bastante? Será que é *realmente* verdade que você não merece ser feliz? Será que é *realmente* verdade que você não merece ser amado?

Lembra-se de quando uma árvore deixou de ser apenas uma árvore? Uma vez que você aprende um idioma, você interpreta uma árvore e a julga de acordo com tudo aquilo que você sabe. É aí que a árvore passa a ser uma árvore linda, feia, medonha ou magnífica. Bem, você faz a mesma coisa consigo. Interpreta e julga a si mesmo de acordo com tudo o que você sabe. É aí que você se torna o ser humano bom, ou o mau, o culpado, o maluco, o poderoso, o fracote, o feio ou o bonitão. Você é aquilo que acredita ser. Nesse caso, a primeira pergunta é: "O que você pensa que é?"

Se você usar a consciência, verá tudo aquilo em que acredita, e é assim que você vive a sua vida. Sua vida é totalmente controlada pelo sistema de crenças que você aprendeu. Seja qual for a sua crença, ela está criando a história que você está experimentando, aquilo em que você acredita e as emoções que você está experimentando. E talvez você queira realmente acreditar que você *é* aquilo que acredita ser, mas essa imagem é completamente falsa. Não é *você*.

O verdadeiro você é único e está além de tudo o que você sabe, porque o verdadeiro você é a verdade. Você, o ser humano, é a verdade. Sua presença física é real. O que você acredita sobre si mesmo não é real e não é importante, a não ser que você queira criar uma história melhor para si mesmo. Verdade ou ficção; de um jeito ou de outro, a história que você está criando é uma obra de arte. É uma história maravilhosa, uma linda história, mas é só uma história, e é o mais perto que você pode chegar da verdade usando símbolos.

Como artista, não há maneira certa ou errada de criar sua arte; a beleza simplesmente existe ou não; a felicidade existe ou não. Se você acredita ser um artista, então tudo volta a ser possível. As palavras são seu pincel, e a vida, sua tela. Você

44   *O quinto compromisso*

pode pintar o que quiser; pode até copiar o trabalho de outro artista — mas o que você exprime com o seu pincel é a maneira como você se vê, a maneira como você vê toda a realidade. O que você pinta é a sua vida, e a aparência dela vai depender de como você usa as palavras. Quando perceber isso, então poderá acordar para o fato de que a palavra é uma ferramenta poderosa de criação. Quando você aprende a usar essa ferramenta com consciência, pode fazer história com a palavra. Que história? A história de sua vida, é lógico. A história sobre *você*.

O primeiro compromisso: Seja impecável com sua palavra

Isso nos leva ao primeiro e mais importante dos Quatro Compromissos: *Seja impecável com sua palavra*. A palavra é o seu poder de criação, que pode ser utilizado em mais de uma direção. Uma das direções é a impecabilidade, onde a palavra cria uma linda história — seu paraíso pessoal na Terra. A outra direção é o mau uso da palavra, onde a palavra destrói tudo o que está à sua volta e cria o seu inferno pessoal.

A palavra, como um símbolo, tem a magia e o poder da criação porque pode reproduzir uma imagem, uma ideia, um sentimento ou uma história inteira em sua imaginação. O simples fato de ouvir a palavra *cavalo* é capaz de reproduzir uma imagem completa em sua mente. Esse é o poder de um símbolo. Mas ele pode ser ainda mais poderoso que isso. Ao dizer apenas três palavras, *O poderoso chefão*, um filme inteiro

A *história sobre você* ～ 45

pode se desenrolar na sua cabeça. Essa é sua mágica, seu poder de criação, e tudo começa com a palavra.

Talvez você possa entender por que a Bíblia diz: "No início havia o Verbo, e o Verbo estava com Deus e o Verbo era Deus." De acordo com muitas religiões, no começo nada existia, e a primeira de todas as coisas que Deus criou foi o mensageiro, o anjo que entrega uma mensagem. Você pode entender a necessidade de algo que transfira informação de um lugar para outro. É óbvio que de lugar nenhum para lugar nenhum parece um pouco complicado, mas ao mesmo tempo é muito simples. Logo no início, Deus criou a palavra (Verbo), e a *palavra* é um mensageiro. Então, se Deus criou a palavra para transmitir uma mensagem e se a palavra é um mensageiro, então é isso o que você é: um mensageiro, um anjo.

A palavra existe por causa de uma força que chamamos de *vida*, *intenção* ou *Deus*. A palavra *é* a força; ela *é* a intenção, e por isso nossa intenção se manifesta através da palavra, independentemente de que idioma falamos. A palavra é muito importante na criação de tudo, porque o mensageiro começa a entregar as mensagens, e toda a criação aparece do nada.

Lembra-se de Deus e de Adão conversando e caminhando juntos? Deus cria a realidade e nós recriamos a realidade com a palavra. A realidade virtual que criamos é um reflexo da realidade; é a nossa interpretação da realidade pelo uso da palavra. Nada pode existir sem a palavra porque ela é aquilo que utilizamos para criar tudo que conhecemos.

Se você perceber, estou mudando todos os símbolos de propósito, para que você possa ver que expressões diferentes significam exatamente a mesma coisa. Os símbolos podem mudar, mas o significado continua sendo igual em todas as diferentes tradições, no mundo inteiro. Se você escutar a intenção *por trás* dos símbolos, vai entender o que estou tentando dizer. Usar a palavra de maneira impecável é extremamente importante porque a palavra é *você*, o mensageiro. A palavra está totalmente relacionada à mensagem que você entrega, não só a tudo e a todos à sua volta, mas a você mesmo.

Você está contando a si mesmo uma história, mas ela é verdadeira? Se estiver usando a palavra para criar uma história em que julga e rejeita a si mesmo, então está usando a palavra contra si e não está sendo impecável. Quando você é impecável, não vai dizer a si mesmo: "Sou velho. Sou feio. Sou gordo. Não sou bom o bastante. Não sou forte o suficiente. Nunca vou dar certo na vida." Você não vai usar seu conhecimento contra você mesmo, o que significa que a voz do conhecimento não usará a palavra para julgá-lo, culpá-lo e puni-lo. Sua mente é tão poderosa que ela percebe a história que você cria. Se você criar um autojulgamento, estará criando um conflito interno que não passa de um pesadelo.

Sua felicidade depende de você e de como você usa a palavra. Se fica com raiva e utiliza a palavra para enviar um veneno emocional para outra pessoa, pode parecer que você está usando a palavra contra a tal pessoa, mas na verdade é contra si mesmo. Essa ação vai criar uma reação equivalente e aquela pessoa vai se voltar contra *você*. Se você ofende alguém, este pode até lhe machucar em resposta. Se você usar a palavra para criar um conflito no qual o seu corpo pode ser prejudicado, é lógico que ela estará contra você.

Ser impecável com sua palavra na verdade significa nunca utilizar o poder da palavra contra *você mesmo*. Quando você é impecável com sua palavra, nunca se trai. Você nunca usa a palavra para fofocar sobre si mesmo ou para espalhar veneno emocional fazendo fofoca de outras pessoas. A fofoca é a principal forma de comunicação na sociedade humana, e aprendemos a fazer isso por acordo. Quando somos crianças, ouvimos adultos à nossa volta falarem mal de si mesmos e darem suas opiniões sobre os outros, inclusive sobre pessoas que nem conhecem. Mas agora você está ciente de que nossas opiniões não são a verdade; são apenas um ponto de vista.

Lembre-se, você é o criador da história da sua vida. Se usar a palavra de modo impecável, basta imaginar a história que vai criar para si mesmo. Você vai utilizar a palavra na direção da verdade e do amor-próprio. Utilizará a palavra para expressar a verdade em cada pensamento, em cada ação, em toda palavra que usar para descrever você e a história de sua vida. E qual será o resultado? Uma vida extraordinariamente bela. Colocando de outra maneira, você será feliz.

Como pode ver, a impecabilidade da palavra é um conceito muito mais profundo do que parece. A palavra é mágica pura, e, quando você adota o primeiro compromisso, a mágica simplesmente acontece na sua vida. Suas intenções e seus desejos chegam com facilidade porque não há resistência, e não há medo; tudo que existe é amor. Você está em paz e cria uma

48 ❧ *O quinto compromisso*

vida de liberdade e realização em todos os sentidos. Basta este compromisso para transformar completamente a sua vida em seu paraíso pessoal. Esteja sempre consciente de como você está usando a palavra e *seja impecável com sua palavra*.

4

Cada mente é um mundo

O segundo compromisso:
Não leve nada para o lado pessoal

Quando nascemos, não há símbolos em nossas mentes, mas dispomos de um cérebro e temos dois olhos, e nosso cérebro já está capturando as imagens que chegam da luz. Começamos a perceber a luz, ficamos acostumados com ela, e a reação do nosso cérebro a ela é um filme infinito de imagens em nossa imaginação e em nossa mente. Estamos *sonhando*. Da perspectiva tolteca, nossa vida inteira é um sonho porque o cérebro está programado para sonhar 24 horas por dia.

Quando o cérebro está acordado, há uma moldura material que faz com que percebamos as coisas de maneira linear;

50   *O quinto compromisso*

quando ele está dormindo, não existe essa moldura, e o sonho tem a tendência de se modificar constantemente. Mesmo com o cérebro acordado, temos a tendência de sonhar, e esse sonho também muda com frequência. A imaginação é tão poderosa que nos leva a muitos lugares. Vemos coisas na nossa imaginação que as outras pessoas não veem; ouvimos o que os outros não ouvem, ou pode ser que não ouçamos, dependendo da maneira como sonhamos. A imaginação dá movimento às imagens que vemos, mas tais imagens só existem na mente, no sonho.

Luz, imagens, imaginação, sonho... Você está sonhando agora mesmo, e isso é algo que se pode verificar facilmente. Talvez você nunca tenha notado que sua mente está sempre sonhando, mas, se usar a imaginação por apenas um segundo, vai entender o que eu estou tentando explicar. Imagine que você esteja olhando para um espelho. Nele, há um mundo de objetos, mas você sabe que o que vê é apenas um reflexo do que é real. Parece real, parece verdadeiro, mas não é qualquer uma das duas coisas. Se você tentar tocar nos objetos que aparecem no espelho, só conseguirá tocar a superfície do espelho.

O que você vê no espelho é só uma *imagem* da realidade, ou seja, é uma realidade *virtual*; um sonho. E é o mesmo tipo de sonho que os seres humanos têm com o cérebro acordado. Por quê? Porque o que você vê no espelho é uma cópia da realidade que você cria a partir da capacidade de seus olhos e de seu cérebro. É uma *imagem* do mundo que você constrói dentro de sua mente, o que significa ser a maneira como sua mente percebe a realidade. O que um cachorro vê no espelho é a forma como o cachorro percebe a realidade. O que uma águia vê no mesmo espelho é como o cérebro da águia percebe a realidade, que por sua vez é diferente da maneira como você a vê.

Agora imagine olhar para os seus olhos, em vez de para um espelho. Seus olhos percebem a luz que está sendo refletida de milhões de objetos que estão fora deles. O sol emana luz para o mundo inteiro, e cada objeto a reflete. Bilhões de raios de luz vêm de toda parte, penetram em seus olhos e projetam imagens dos objetos neles. Você pensa que está vendo todos esses objetos, mas a única coisa que você está *realmente* vendo é a luz que está sendo refletida.

Tudo o que você percebe é um reflexo do que é real, exatamente como os reflexos de um espelho, a não ser por uma diferença importante. Atrás do espelho não tem nada, mas atrás de seus olhos há um cérebro que tenta dar sentido a tudo. Seu cérebro está interpretando tudo o que você percebe de acordo com o significado que você atribui a cada símbolo, com a estrutura do seu idioma e com todo o conhecimento que foi programado na sua mente. Tudo o que você percebe está sendo filtrado por todo o seu sistema de crenças. E o resultado de interpretar tudo o que você percebe utilizando cada coisa em que você acredita é o seu sonho pessoal. É assim que você cria uma realidade virtual completa em sua mente.

Talvez você possa ver o quanto é fácil para os seres humanos distorcerem o que percebem. A luz reproduz uma imagem perfeita do que é real, mas nós distorcemos essa imagem ao criarmos uma história com todos esses símbolos e essas opiniões que aprendemos. Nós sonhamos com isso na nossa imaginação e por acordo pensamos que nosso sonho é a mais absoluta verdade, quando a verdade real é que o nosso sonho é uma verdade relativa, um *reflexo* da verdade que sempre será distorcida por todo o conhecimento que armazenamos na memória.

Muitos mestres disseram que cada mente é um mundo, e isso é verdade. O mundo que nós pensamos ver além de nós está, na verdade, *dentro* de nós. São apenas *imagens* em nossa imaginação. É um *sonho*. Sonhamos constantemente, e assim tem sido há séculos, não só pelos toltecas no México, mas na Grécia, em Roma, na Índia, no Egito. As pessoas no mundo inteiro dizem que "a vida é um sonho". A pergunta é: será que temos consciência disso?

Quando não temos consciência de que nossa mente está sempre sonhando, é fácil colocar a culpa em todo mundo e em qualquer coisa externa a nós devido às distorções em nosso sonho pessoal e por qualquer coisa que nos faça sofrer na vida. Quando tomamos consciência de que estamos vivendo em um sonho que nós, artistas, estamos criando, damos um grande passo em nossa evolução porque conseguimos assumir a responsabilidade pela nossa criação. Perceber que a nossa mente está sempre sonhando nos dá a chave para mudar o nosso sonho se não estivermos gostando dele.

Quem está sonhando a história de sua vida? Você. Se você não gosta da sua vida, se não gosta do que acredita sobre si mesmo, você é o único que pode mudar isso. É o seu mundo, o seu sonho. Se você o estiver curtindo, isso é maravilhoso; nesse caso, continue a curtir cada momento. Se o seu sonho for um pesadelo, se nele houver drama e sofrimento, e você não estiver curtindo sua criação, então você pode mudá-lo. Como eu tenho certeza de que você sabe, existem milhões de livros neste mundo escritos por milhões de sonhadores com diferentes pontos de vista. A história sobre você é tão interessante quanto qualquer um desses livros e é ainda mais interessante porque sua história continua a mudar. A maneira que você sonha quando tem 10 anos de idade é completamente diferente da maneira que você sonha quando tem 15, 20, 30, 40, ou da maneira que sonha agora.

A história que você está sonhando hoje não é a mesma que você sonhou ontem, ou mesmo há meia hora. Cada vez que você fala de sua história, ela muda dependendo de para quem você a está contando, dependendo de seu estado físico e emocional, e de suas crenças na ocasião. Mesmo que você tente contar a mesma história, ela estará sempre mudando. Em determinado momento, você descobre que não é nada além de uma história. Não é a realidade; é uma realidade virtual. Não é nada mais que um sonho. E um sonho compartilhado, porque todos os seres humanos estão sonhando ao mesmo tempo. O sonho compartilhado pela humanidade, *o sonho do planeta*, já existia antes de você nascer e foi assim que você aprendeu a cultivar sua arte, a história sobre você.

O segundo compromisso: Não leve nada para o lado pessoal

Vamos usar o poder de nossa imaginação para criar um sonho juntos, sabendo que é um sonho. Imagine que você está num shopping gigantesco onde existem centenas de cinemas. Você dá uma olhada para ver que filmes estão passando e percebe que um deles tem o seu nome. Incrível! Você entra nesse cinema, e ele está praticamente vazio, a não ser por uma pessoa. Silenciosamente, tentando não interromper, você se senta atrás dessa pessoa, que nem toma conhecimento da sua presença; toda a atenção dela está no filme.

Você olha para a tela e... surpresa! Reconhece todos os personagens do filme — sua mãe, seu pai, seus irmãos e irmãs, a pessoa amada, seus filhos, seus amigos. Aí você vê o personagem principal do filme, que é você! Você é a estrela do filme, e essa é a história sobre você. E aquele que está na sua frente, bem, também é você, vendo sua própria atuação na tela. Evidentemente, o personagem principal é só a maneira como você pensa ser, assim como todos os personagens coadjuvantes, porque você conhece essa história. Depois de algum tempo, você se sente um pouco oprimido por tudo o que acabou de testemunhar e decide entrar em outro cinema.

Nessa sala, também só há uma pessoa assistindo ao filme, e ela nem percebe quando você se senta ao lado dela. Você começa a assistir ao filme e reconhece todos os personagens, mas nesse você é apenas secundário. Essa é a história da vida da sua mãe, e é ela quem está vendo o filme com toda a atenção. Aí você percebe que ela não é a mesma pessoa que estava no seu filme. A maneira como ela se projeta é totalmente diferente no filme dela. É a maneira como sua mãe quer que todos a percebam. Você sabe que isso não é autêntico. Ela só está representando. Mas aí você começa a perceber que é assim que ela *se* percebe, e isso pode ser um pouco chocante.

E então você observa que o personagem que tem o seu rosto não é a mesma pessoa que estava no seu filme. E você diz a si mesmo: "Ah, mas esse aí não sou eu." Nessa hora, porém, você pode ver como sua mãe percebe você, como ela julga que você seja, e tal imagem está longe daquilo que você pensa sobre si mesmo. Aí você vê o personagem do seu pai, a maneira como a sua mãe o percebe, e essa não é, de jeito algum, igual à sua. É uma distorção total, e assim é a percepção que ela tem de todos os outros personagens. Você vê de que maneira sua mãe percebe o amado dela e fica até meio irritado por isso. "Como é que ela se atreve!" Você se levanta e sai da sala.

Então se dirige ao próximo cinema, onde está passando a história da pessoa que você ama. Agora você pode ver de que forma ela percebe você, e o personagem que resulta disso é completamente diferente daquele que estava no seu filme ou no de sua mãe. Você pode ver a maneira como a pessoa amada percebe seus filhos, sua família e seus amigos; pode perceber como ela quer se projetar, e tal forma é totalmente diferente da maneira como você a percebe. E então você decide sair dessa sala para ver o filme dos seus filhos e vê a maneira como os seus

56 ❧ *O quinto compromisso*

filhos percebem você, o vovô e a vovó, e você mal consegue acreditar. Aí você assiste aos filmes de seus irmãos e irmãs, de seus amigos, e descobre que todo mundo está distorcendo todos os personagens em seus filmes.

Depois de assistir a todos esses filmes, você decide voltar à primeira sala de exibição para assistir ao seu filme mais uma vez. Você se vê representando no filme, mas já não acredita mais naquilo; não acredita mais em sua história porque agora você consegue ver que isso é só uma história. Agora você sabe que toda a encenação feita durante sua vida inteira não valeu de nada, porque ninguém lhe percebe da maneira que você quer ser percebido. Você pode ver que todo o drama que acontece no seu filme não está sendo efetivamente notado por ninguém à sua volta. É óbvio que a atenção de todos está voltada para os próprios filmes. Eles sequer percebem quando você se senta ao lado deles no cinema! Os atores têm toda sua atenção voltada para a própria história, e essa é a única realidade em que vivem. A atenção deles está tão atrelada à própria criação que sequer tomam conhecimento da presença *deles mesmos* — que estão assistindo ao filme.

Nesse instante, tudo muda para você. Nada continua a ser como era antes, porque agora você vê o que está realmente acontecendo. As pessoas vivem em seu próprio mundo, em seu próprio filme, em sua própria história. Elas investem toda a própria fé naquela história, que é verdadeira para elas, mas é uma verdade relativa, porque não é verdadeira para você. E agora você pode ver que todas as opiniões que elas têm sobre você na verdade se referem ao personagem que existe no filme delas, não no seu. A pessoa que elas julgam e que leva o seu nome é um personagem que elas criaram. O que quer que as pessoas pensem de você tem a ver, na verdade, com a *imagem* que elas têm de você, e essa imagem não é você.

Nesse ponto, fica explícito que as pessoas que você mais ama não conhecem você de verdade e vice-versa. A única coisa que você sabe sobre elas é o que você crê sobre elas. Você só conhece a imagem criada para elas, o que não tem nada a ver com as pessoas reais. Você pensava que conhecia seus pais, seu cônjuge, seus filhos e seus amigos muito bem, mas a verdade é que você não faz ideia do que está acontecendo no mundo deles — o que estão pensando, sentindo e sonhando. Mais surpreendente ainda é que você pensava conhecer *a si mesmo*. E então você chega à conclusão de que estava errado, porque já representa há tanto tempo que aprendeu a dominar a arte de fingir ser aquilo que não é.

Com esse tipo de conscientização, você percebe o quanto é ridículo dizer coisas do tipo: "Minha amada não me compreende. Ninguém me entende." É óbvio que não. Nem você consegue se entender. Sua personalidade está sempre mudando de uma hora para outra, de acordo com o papel que você está desempenhando, de acordo com os personagens secundários da sua história, de acordo com a maneira com que estiver sonhando na ocasião. Em casa, você tem uma determinada personalidade; no trabalho, ela é totalmente diferente. Com suas amigas mulheres, você se comporta de um jeito; com os

58   *O quinto compromisso*

amigos homens, de outro. Mas em toda a sua vida você partiu do princípio de que todo mundo lhe conhece tão bem que, quando eles não fizeram o que você esperava que eles fizessem, você levou isso para o lado pessoal e reagiu com raiva, usando a palavra para criar vários conflitos e dramas a troco de nada.

Agora é fácil perceber por que há tantos conflitos entre os seres humanos. O mundo é habitado por bilhões de sonhadores que não se dão conta de que as pessoas vivem em seus próprios mundos e sonham seus próprios sonhos. Do ponto de vista do personagem principal, que é o *único* ponto de vista que existe, tudo gira à sua volta. Quando os personagens coadjuvantes dizem algo que vai de encontro à forma de pensar dos principais, eles ficam com raiva e tentam defender sua posição. Eles querem que os personagens secundários sejam como eles querem que eles sejam, e, se não forem, se sentem profundamente ofendidos. Eles levam *tudo* para o lado pessoal. Estando consciente disso, você passa a entender também a solução, que é muito simples e lógica: *não leve nada para o lado pessoal.*

Agora, o significado do segundo compromisso fica profundamente evidente. Esse compromisso concede imunidade na interação que você tem com os personagens secundários da sua história. Você não precisa se preocupar com o ponto de vista dos outros. Uma vez que você vê que nada do que os outros dizem ou fazem tem a ver contigo, não importa quem fala mal de você, quem culpa você, quem lhe rejeita ou quem discorda de seu ponto de vista. Nenhuma fofoca vai lhe atingir. Você nem se dá o luxo de defender sua forma de pensar. Você sim-

Cada mente é um mundo ❧ 59

plesmente deixa os cães ladrarem — e, com toda certeza, eles vão ladrar, e ladrar muito. Mas e daí? Nada do que as pessoas digam vai lhe afetar, porque você é imune às opiniões e ao veneno emocional delas. Você é imune aos predadores, àqueles que usam a fofoca para machucar os outros e que querem usar as outras pessoas para machucarem a si mesmas.

Não leve nada para o lado pessoal é uma bela ferramenta de interação com sua própria espécie, de ser humano para ser humano. E é um grande passaporte para a liberdade pessoal porque você não precisa mais regular sua vida em função da opinião dos outros. Isso realmente liberta! Você pode fazer o que quiser, sabendo que qualquer coisa não será da conta de ninguém, a não ser da sua. A única pessoa que precisa se preocupar com a história sobre você é *você*. Essa conscientização muda tudo. Lembre-se de que a consciência da verdade é o primeiro passo para o autodomínio, e é isso que você está fazendo agora. Está sendo lembrado da verdade.

Agora que você compreende essa verdade, agora que está ciente, como ainda pode levar qualquer coisa para o lado pessoal? Uma vez que você compreenda que todos os seres humanos vivem em seu próprio mundo, em seu próprio filme e em seu próprio sonho, o segundo compromisso é o puro senso comum: *não leve nada para o lado pessoal.*

5

Verdade ou ficção

O terceiro compromisso:
Não tire conclusões

*H*á vários séculos, talvez até milênios, os seres humanos acreditam que há um conflito na mente humana — um conflito entre o bom e o mau. Mas isso não é verdade. O bom e o mau são apenas resultado do conflito, porque o conflito *real* é entre a verdade e as mentiras. Talvez devamos dizer que *todos* os conflitos resultam de mentiras, porque a verdade não será qualquer conflito. A verdade não precisa se provar; ela existe, quer nós acreditemos nela ou não. As mentiras só existem se nós as criarmos e só sobrevivem se acreditarmos nelas; são uma distorção da palavra, uma distorção do significado de uma mensagem, e essa distorção está no reflexo, na mente humana.

62 ✢ *O quinto compromisso*

As mentiras não são reais — são uma criação nossa —, mas nós lhes damos vida e as tornamos reais na realidade virtual de nossas mentes.

Quando eu era adolescente, meu avô me contou essa verdade básica, mas demorei anos para entendê-la devidamente, porque eu sempre ficava me perguntando: "Como é que nós sabemos o que é verdade?" Eu usava símbolos para tentar entender a verdade, quando a verdade real é que os símbolos não têm nada a ver com a verdade; esta existe muito antes de os humanos terem criado os símbolos.

Como artistas, estamos sempre distorcendo a verdade com símbolos, mas esse não é o problema. Como dissemos antes, o problema surge quando nós *acreditamos* nessa distorção, porque algumas mentiras são inocentes, enquanto outras são mortais. Vejamos como podemos utilizar a palavra para criar uma história, uma *superstição*, sobre uma cadeira. O que sabemos sobre uma cadeira? Podemos dizer que uma cadeira é feita de madeira, de metal ou tecido, mas só estamos utilizando símbolos para expressar um ponto de vista. A verdade é que não sabemos exatamente o que o objeto é. Mas podemos utilizar a palavra com toda autoridade para passar uma mensagem para nós e para todos à nossa volta: "Essa cadeira é feia. Odeio essa cadeira."

A mensagem já está distorcida, mas isso é só o começo. Também podemos dizer: "Essa cadeira é uma burra, e eu acho que quem sentar nela correrá o risco de ficar burro. Acho que temos de destruir essa cadeira porque, se alguém se sentar nela e ela quebrar, a pessoa vai cair e quebrar a bacia. É verdade, essa cadeira é do mal! Vamos criar uma lei contra a cadeira, para que todo mundo saiba que ela é um perigo para a sociedade. De agora em diante, é proibido chegar perto da cadeira má!"

Se transmitirmos esta mensagem, então quem quer que a receba e concorde com ela ficará com medo da cadeira má. Em pouco tempo, haverá gente que, por tanto medo da cadeira, começará a ter pesadelos com ela. Essas pessoas ficarão obcecadas com a cadeira má e, evidentemente, vão querer destruí-la antes que a própria as destrua.

Está vendo o que se pode fazer com a palavra? A cadeira é apenas um objeto. Ela existe, e essa é a verdade. Mas a história que criamos sobre a cadeira não é uma verdade, mas uma superstição. É uma mensagem distorcida, e conta uma mentira. Se não acreditarmos na mentira, não há problema. Mas se acreditarmos e tentarmos impô-la aos outros, isso pode levar ao que nós chamamos de *mal*. É óbvio que o que nós chamamos de *mal* tem vários níveis, dependendo de nosso poder pessoal. Algumas pessoas podem levar o mundo inteiro a uma grande guerra em que milhões de pessoas morrerão. Existem tiranos pelo mundo inteiro que, por acreditarem em mentiras, invadem outros países e destroem seus povos.

Agora nós podemos entender facilmente por que existe um conflito na mente humana, e somente na mente *humana* — a realidade virtual —, já que ele não existe no resto da natureza. Há bilhões de seres humanos que distorcem todos esses símbolos em suas cabeças e transmitem mensagens alteradas. E

64 ❧ *O quinto compromisso*

foi isso o que realmente aconteceu com a humanidade. E creio que isso responde o porquê de todas as guerras existirem, o porquê de haver tantos abusos e tanta injustiça e o porquê de o sonho do que nós chamamos de *inferno* existir no mundo dos seres humanos. O inferno não é nada além de um sonho cheio de mentiras.

Lembre-se de que nosso sonho é controlado pelo que nós acreditamos, e o que nós acreditamos pode ser verdadeiro ou fictício. A verdade leva-nos à nossa autenticidade e à nossa felicidade. Mentiras levam-nos a limitações em nossas vidas, sofrimento e drama. Quem acredita na verdade mora no paraíso. Quem acredita em mentiras, mais cedo ou mais tarde viverá no inferno. Não é preciso morrer para ir para o céu ou para o inferno. O paraíso está inteiro à nossa volta, tanto quanto o inferno. O paraíso é um ponto de vista, um estado de espírito, assim como o inferno. É lógico que as mentiras têm comandado todos os programas de nossa cabeça. Os seres humanos criam as mentiras, e vice-versa. Porém, mais cedo ou mais tarde, a verdade aparece, e as mentiras não podem sobreviver à presença da verdade.

Séculos atrás, as pessoas acreditavam que o mundo era plano. Alguns diziam que os elefantes é que sustentavam a terra, e isso os deixava reconfortados. "Ótimo, agora sabemos que o mundo é plano." Muito bem, e hoje nós sabemos que o mundo não é plano! A crença de que a Terra era plana era considerada verdade, e quase todo mundo concordava, mas por isso é que era verdade?

Uma das maiores mentiras que ouvimos nos dias de hoje é: "Ninguém é perfeito." Essa é uma grande desculpa para nosso comportamento, e quase todos concordam, mas será que é verdade? Muito pelo contrário, todos os seres humanos nesse mundo são perfeitos, mas ouvimos aquela mentira desde que éramos pequenos e, consequentemente, continuamos a nos julgar baseados em uma *imagem* de perfeição. Vivemos em busca da perfeição e, em nossa busca, descobrimos que tudo no universo é perfeito, menos os seres humanos. O sol é perfeito, as estrelas são perfeitas, os planetas são perfeitos, mas, no que tange aos seres humanos, "ninguém é perfeito". A verdade é que tudo na criação é perfeito, inclusive os seres humanos.

Se nós não tivermos consciência para enxergar essa verdade, é porque fomos cegados pela mentira. Você pode perguntar: "E os deficientes físicos? Eles são perfeitos?" Bem, de acordo com o que você sabe, eles podem ser imperfeitos, mas será que o que você sabe é a verdade? Quem vai dizer se uma *deficiência* ou até mesmo uma *doença* não é perfeita?

Tudo em nós é perfeito, inclusive qualquer deficiência ou doença que possamos ter. Alguém que tenha uma dificuldade de aprendizagem é perfeito; alguém que tenha nascido sem um dedo, um braço ou uma orelha é perfeito; alguém que tenha uma doença é perfeito. Só a perfeição existe, e essa consciência é mais um passo importante para nossa evolução. Falar outra coisa é não ter consciência do que somos. E não basta *dizer* que somos perfeitos; é preciso *acreditar* nisso. Se acreditarmos que somos imperfeitos, essa mentira vai precisar de outras mentiras em que se apoiar, e, todas essas mentiras, juntas, reprimem a verdade e guiam o sonho que estamos criando para nós mesmos. Mentiras não passam de superstições, e posso garantir que nós vivemos em um mundo de superstições. Mas, repetindo: será que temos consciência disso?

Imagine acordar amanhã de manhã na Europa do século XIV, sabendo o que você sabe hoje, acreditando no que você acredita hoje. Imagine o que as pessoas pensariam de você, como lhe julgariam. Elas mandariam você a um tribunal por tomar banho todos os dias. Tudo em que você acredita seria uma ameaça àquilo em que elas acreditam. Quanto tempo levaria até lhe acusarem de ser uma bruxa? Elas lhe torturariam, fariam você confessar que é uma bruxa e finalmente lhe matariam pelo medo que elas têm das próprias crenças. É fácil perceber que aquelas pessoas viviam imersas em superstição. Praticamente nada do que elas acreditavam era verdade, e isso é facilmente perceptível pelas coisas em que você acredita hoje. Mas aquelas pessoas não estavam conscientes de suas superstições. O modo de vida delas era completamente normal para elas, que não podiam saber mais do que sabiam por não terem aprendido nada diferente.

Então talvez aquilo que você acredite sobre você mesmo seja tão cheio de superstição quanto às crenças das pessoas daquele tempo. Imagine se os seres humanos de daqui a setecentos ou oitocentos anos pudessem ver aquilo que a maioria de nós acredita sobre nós mesmos atualmente. A maneira como quase todos nós nos relacionamos com o próprio corpo continua a ser bárbara, embora não tanto quanto há setecentos anos. Nosso corpo é totalmente leal a nós, mas nós o julgamos e abusamos dele; o tratamos como se ele fosse nosso inimigo, quando, na verdade, é nosso aliado. Nossa sociedade dá muita importância a ser atraente de acordo com as imagens vistas na mídia — na televisão, no cinema, nas revistas de moda. Se acreditarmos que não somos atraentes o bastante de acordo com essas imagens, então estaremos acreditando em uma mentira, usando a palavra contra nós mesmos, contra a verdade.

As pessoas que controlam a mídia nos dizem em que acreditar, como nos vestir, o que comer, e elas manipulam os seres humanos como se estes fossem marionetes, ou seja, do jeito que bem entendem. Se quiserem que odiemos alguém, elas espalham fofoca por todos os lados, e essas mentiras fazem sua mágica. Quando deixamos de ser marionetes, fica evidente que a nossa vida vinha sendo guiada por mentiras e por superstições. Imagine o que os futuros seres humanos pensariam de nossas superstições. Se eles acreditassem na perfeição de tudo o que há na criação, inclusive cada ser humano, nós iríamos crucificá-los por suas crenças?

Qual é a verdade e qual é a mentira? Mais uma vez, a consciência é extremamente importante, porque a verdade não vem com palavras, com o conhecimento. Mas as mentiras, sim, e há bilhões delas. Nós, humanos, acreditamos em tantas mentiras porque não temos consciência. Nós ignoramos a verdade ou simplesmente não a queremos ver. Quando somos domesticados, acumulamos muito conhecimento, e ele forma uma parede de neblina que não nos permite perceber a verdade, as coisas como elas realmente *são*. Só vemos aquilo que queremos ver e só ouvimos aquilo que queremos ouvir.

Em nosso desenvolvimento, enquanto crescemos, aprendemos tantas inverdades que toda nossa estrutura de mentiras fica muito complicada. E tornamos isso ainda mais complicado porque nós *pensamos* e *acreditamos* no que pensamos. Presumimos que aquilo que pensamos é a verdade absoluta e nunca paramos para pensar que a nossa verdade é uma verdade relativa, uma verdade virtual. Geralmente, ela sequer se aproxima de qualquer tipo de verdade, mas é o mais perto que conseguimos chegar sem uma conscientização.

O terceiro compromisso: Não tire conclusões

E isso nos leva ao terceiro compromisso: *Não tire conclusões*. Tirar conclusões é uma maneira simples de se meter em uma encrenca porque a maioria das suposições não é verdadeira; é uma ficção. Uma grande conclusão que fazemos é de que toda nossa realidade virtual é verdadeira. Bem, agora você sabe que nenhuma das realidades virtuais é verdadeira!

Usando nossa consciência, podemos ver facilmente todas as conclusões a que chegamos e podemos perceber como isso é fácil. Os seres humanos têm uma imaginação muito fértil, muito poderosa, e existe um sem número de ideias e histórias que se pode imaginar. Nós ouvimos os símbolos falando na nossa cabeça. Começamos a imaginar o que as outras pessoas estão fazendo, em que elas estão pensando, o que estão falando de nós, e vislumbramos algumas coisas em nossa imaginação. Inventamos uma história inteira que só é verdadeira para nós, mas acreditamos nela. Uma conclusão leva à outra; nós tiramos conclusões precipitadas e levamos nossa história de uma forma muito pessoal. Então jogamos a culpa nas outras pessoas e geralmente começamos a falar mal delas para tentar justificar nossas suposições. É lógico que, ao falar mal dos outros, uma mensagem distorcida fica ainda mais distorcida.

Tirar conclusões precipitadas e depois levá-las para o lado pessoal é o início do inferno na Terra. Quase todos os nossos conflitos se baseiam nisso e é fácil entender por quê. Suposições não passam de mentiras que contamos a nós mesmos. Isso cria um grande drama a troco de nada porque nós não sabemos realmente se alguma coisa é verdadeira ou não. Fazer suposições é o mesmo que querer fazer drama quando não há drama algum acontecendo. E se houver um drama acontecendo na história de outra pessoa, e daí? Não é a sua história, é a história dela.

Tenha em mente que quase tudo que você fala para si mesmo é uma pressuposição. Se você for pai, sabe o quanto é fácil tirar conclusões precipitadas sobre seus filhos. É meia-noite, e a sua filha ainda não voltou para casa. Ela saiu para dançar e você acha que ela já deveria ter chegado. Você começa a pensar no pior, a fazer suposições. "Ai, e se alguma coisa ruim aconteceu? Talvez eu devesse ligar para a polícia." Há várias coisas que se pode imaginar e você cria uma gama de possibilidades dramáticas em sua cabeça. Dez minutos depois, sua

70 ❧ *O quinto compromisso*

filha chega em casa com um largo sorriso no rosto. Quando a verdade aparece e todas as mentiras são desfeitas, você percebe que estava simplesmente se torturando sem motivo algum. Portanto, *não tire conclusões.*

Se não levar nada para o lado pessoal lhe dá imunidade na interação que você tem com as outras pessoas, não tirar conclusões precipitadas lhe dá imunidade nas interações que você tem consigo, com sua voz do conhecimento, ou o que chamamos de *pensamento.* Tirar conclusões tem tudo a ver com pensamento. Nós pensamos muito e pensar leva a suposições. O simples fato de pensar "e se...?" pode gerar um imenso drama em nossas vidas. Todo ser humano sabe pensar muito e pensar traz o medo. Não temos controle sobre toda essa torrente de pensamentos, todos esses símbolos que distorcemos em nossa cabeça. Se simplesmente pararmos de falar, não precisamos explicar mais nada a nós mesmos, e isso evita que tiremos conclusões precipitadas.

Os seres humanos têm uma necessidade de explicar e justificar tudo; nós precisamos de conhecimento e tiramos conclusões para preencher nossa necessidade de *saber.* Não importa muito se o conhecimento é verdadeiro ou não. Verdade ou ficção, acreditamos em cem por cento daquilo em que acreditamos e continuamos acreditando no que for, porque o conhecimento nos faz sentir seguros. Há muitas coisas que a mente não é capaz de explicar; temos tantas perguntas que precisam de respostas. Mas em vez de fazer perguntas quando desconhecemos alguma coisa, nós tiramos todo tipo de conclusão. É sempre melhor perguntar e elucidar.

Se pararmos de tirar conclusões precipitadas, podemos concentrar nossa atenção na verdade, não naquilo que nós *pensamos* ser verdade. E aí nós vemos a vida do jeito que ela é e não do jeito que queremos ver. Como em breve veremos, quando não acreditamos em nossas suposições, o poder de acreditar que investimos nelas volta para nós. Quando recuperamos toda a energia que investimos ao tirar conclusões, podemos utilizar essa energia para criar um novo sonho: nosso paraíso pessoal. *Não tire conclusões.*

6

O poder das crenças

O símbolo do Papai Noel

*H*ouve um momento na sua vida em que você era o dono total do poder de sua crença, mas, quando passou a ser educado para ser parte da humanidade, tal poder foi transferido para todos aqueles símbolos que você aprendeu, e, num determinado momento, eles ganharam poder sobre você. Na verdade, o poder de sua crença foi para *tudo aquilo* que você conhece, e, desde então, é isso que tem mandado em sua vida. Obviamente, quando nós somos criancinhas, ficamos assoberbados pelo poder das crenças de todas as outras pessoas. Os símbolos são uma invenção maravilhosa, mas somos apresentados a eles através de opiniões e crenças que já existem. Engolimos todas as opiniões sem questionar se são verdadeiras ou não. E o problema é que, uma vez que dominamos um idioma com todas as opiniões que ouvimos enquanto estávamos crescendo, os símbolos já detêm o poder de nossas crenças.

Isso não é bom nem mau, certo ou errado. As coisas são assim mesmo, e isso acontece com todos nós. Estamos aprendendo a ser membros da sociedade. Aprendemos um idioma, uma religião ou uma filosofia, aprendemos uma maneira de ser e estruturamos todo o nosso sistema de crenças baseados em tudo aquilo que nos fizeram saber. Não temos razão para duvidar do que as outras pessoas nos dizem até o coração se partir pela primeira vez e descobrirmos que aquilo que nos disseram não era verdade.

Nós vamos à escola e ouvimos os garotos mais velhos conversando. Quando se referem a nós, eles dizem: "Está vendo esse menino? Ele ainda acredita em Papai Noel." Mais cedo ou mais tarde, descobrimos que Papai Noel não existe. Você consegue se lembrar de sua reação, do que você *sentiu* ao descobrir que Papai Noel não era de verdade? Não acredito que seus pais tenham sido mal-intencionados. Acreditar em Papai Noel é uma tradição maravilhosa para milhões de pessoas. A letra de uma música descreve o que nos dizem sobre um símbolo que conhecemos como *Santa*:* "É melhor ficar atento, é melhor não chorar, é melhor não fazer beicinho, e vou te dizer por quê. O Papai Noel está chegando à cidade!" Dizem que o

---

* Referência a "Santa Claus", Papai Noel em inglês. [*N. do T.*]

O *poder das crenças* ❧ 75

Papai Noel sabe tudo o que fazemos ou deixamos de fazer; ele sabe quando somos bons ou maus; sabe quando não escovamos os dentes. E nós *acreditamos* nisso.

Chega o Natal, e percebemos uma grande diferença nos presentes que as crianças ganham. Digamos que você peça uma bicicleta de presente a Papai Noel e tenha se comportado bem o ano inteiro. Sua família é muito pobre. Você abre seus presentes e não ganha uma bicicleta. Seu vizinho, que é um garoto muito malcriado — e você sabe o que quer dizer *malcriado* —, ganha uma bicicleta. E você diz: "Eu me comportei bem, e ele, não. Como é que eu não ganhei a bicicleta? Se o Papai Noel realmente sabe tudo o que eu faço, é óbvio que ele tem de saber tudo sobre meu vizinho. Por que ele dá uma bicicleta ao meu vizinho, mas para mim não?"

Não é justo e você não entende por quê. Sua reação emocional é de inveja, raiva, até mesmo tristeza. Você vê o outro menininho andar de bicicleta por aí na maior felicidade, se comportando ainda pior do que antes, e você fica com vontade de lhe dar uns tapas ou de quebrar a bicicleta. *Injustiça*. E essa sensação de injustiça só existe porque você acreditou em uma mentira. É uma mentira inocente, logicamente, sem qualquer tipo de má intenção, mas você *acredita* nela e faz um acordo consigo mesmo: "De agora em diante, não serei mais bonzinho. Serei muito mau, igual ao meu vizinho." Mais tarde, você descobre que Papai Noel não existe; não é real. Mas é tarde demais. Você já soltou todo o seu veneno emocional; já está sofrendo com a raiva, a inveja e a tristeza. Você já está sofrendo por ter feito um acordo baseado em uma mentira.

Esse é apenas um exemplo de como investimos nossa fé em um símbolo. Existem centenas, talvez até milhares, de símbolos, histórias e superstições que nós aprendemos. O símbolo do Papai Noel demonstra como acreditar até mesmo em uma mentira inocente pode despertar emoções que se parecem com um fogo queimando dentro de nós. Elas são como um veneno, nos ferem e machucam o nosso corpo, e sofremos por uma história que não é real. As emoções são reais; fazem parte de nossa verdade, mas as razões pelas quais nós as sentimos não são reais. Não são verdadeiras, são uma ficção.

Se você está se perguntando por que às vezes fica tão triste, é porque está contando uma história a si mesmo que não é verdadeira, mas você acredita nela. A verdade é que seu sonho ficou distorcido, mas isso não é nem bom, nem mau, nem certo, nem errado, porque isso também acontece com bilhões de outras pessoas. Você não é o único nessa situação; essa é a boa notícia.

O mundo dos símbolos é extremamente poderoso porque nós fazemos todos os símbolos ganharem poder com aquela força que vem de dentro de nós — a força a que chamamos de *vida*, *fé* ou *intenção*. Nem percebemos que isso acontece, mas, todos os símbolos, juntos, formam uma estrutura completa composta de acordos, e nós chamamos isso de um *sistema de crenças*. De uma simples letra a uma palavra inteira, de um mero conto a toda uma filosofia, tudo em que concordamos acreditar entra nessa estrutura.

O sistema de crenças dá forma e estrutura à nossa realidade virtual, e, com todos os acordos que fazemos, essa estrutura fica cada vez mais forte e ganha mais poder até ficar tão rígida quanto um prédio de tijolos. Se pensarmos em cada símbolo, conceito e acordo como sendo um tijolo, então a nossa fé é o cimento que mantém todos os tijolos unidos. Enquanto continuamos a aprender ao longo de nossa vida, nós misturamos esses símbolos em várias direções, e os conceitos interagem entre si para formarem outros conceitos mais complexos. A mente abstrata passa a se organizar de uma maneira mais complicada, e a estrutura segue crescendo e crescendo, até termos a totalidade de tudo aquilo que sabemos.

Essa estrutura é o que os toltecas chamavam de *forma humana*. A forma humana não é o formato do corpo físico; é a forma que nossa mente assume. É a estrutura de nossas crenças sobre nós mesmos e sobre tudo o que ajuda a dar sentido ao nosso sonho. A forma humana dá a nossa identidade, mas não é igual à moldura do sonho. Este é o mundo material como ele é, que é de verdade. A forma humana é o sistema de crenças com todos os elementos julgadores. Tudo nesse sistema de crenças é a nossa verdade pessoal, e nós julgamos tudo de acordo com essas crenças, mesmo que elas vão contra nossa natureza interna.

No processo de domesticação, o sistema de crenças passa a ser *o livro da lei* que rege nossas vidas. Quando seguimos as regras de acordo com o nosso livro da lei, nos recompensamos; quando não seguimos as regras, nos punimos. O sistema de crenças passa a ser o grande juiz das nossas mentes e também a maior vítima, porque primeiro ele nos julga para depois nos punir. O grande juiz é formado por símbolos, e trabalha com estes para julgar tudo que nós percebemos, inclusive os próprios símbolos! A vítima é a parte de nós que recebe o julgamento e sofre a punição. E quando interagimos com o sonho exterior, nós julgamos e punimos a tudo e a todos de acordo com nosso livro da lei pessoal.

O grande juiz está fazendo um trabalho perfeito, é lógico, porque nós concordamos com todas essas leis. O problema é que o sistema de crenças nasce dentro de nós e usa o nosso conhecimento contra nós. Ele usa tudo o que sabemos, todas as nossas regras a respeito de como temos de viver a vida, para punir a vítima, que é o ser humano. Ele usa o nosso idioma para criar o autojulgamento, a autorrejeição, a culpa, a vergonha. Ele abusa de nós verbalmente e nos faz ficar tristes ao criar nossos demônios e o nosso sonho pessoal do inferno. São tantos os símbolos que podemos usar para dizer a mesma coisa...

O sistema de crenças rege a vida humana como um tirano. Ele tira a nossa liberdade e nos faz seus escravos. Ele tira poder do *verdadeiro* eu, da vida humana, e nem sequer é real! O verdadeiro eu fica escondido em algum lugar da mente, e quem a controla, a essa altura, é tudo aquilo que nós conhecemos, tudo que concordamos em acreditar. O corpo humano, que é bonito e perfeito, se torna vítima de todos esses julgamentos e todas essas punições; ele passa a ser um mero veículo onde a mente age e se projeta pelo corpo.

O sistema de crenças está na região da mente; não podemos vê-lo nem medi-lo, mas sabemos que ele existe. Talvez o que nós não saibamos é que essa estrutura só existe porque nós a criamos. Nossa criação é totalmente ligada a nós; ela nos segue aonde quer que nos dirijamos. Nós vivemos desse jeito há tanto tempo que nem mesmo percebemos que existimos nessa estrutura. E mesmo que a mente não seja real — ela é virtual —, ela também é um *poder total* porque também foi criada pela vida.

Assim, uma coisa muito importante no domínio da consciência é estar ciente de nossa criação, ter consciência de que ela está viva. Cada uma de nossas crenças, desde algo mínimo como o som de uma letra até uma filosofia completa, está usando a nossa força de vida para sobreviver. Se pudéssemos ver nossa mente em ação, veríamos milhões de formas de vida, e também que estamos dando vida à nossa criação ao lhe dar o poder de nossa fé e toda a nossa atenção. Estamos usando a nossa força de vida para apoiar a estrutura inteira. Sem nós, essas ideias não poderiam existir; sem nós, toda a estrutura desmoronaria.

Se utilizarmos o poder de nossa imaginação, poderemos ver a criação de nossa "mitologia pessoal", a construção de nosso sistema de crenças e o início do investimento de nossa fé em mentiras. No processo de toda essa construção — de todo o nosso aprendizado —, existem muitos conceitos que contradizem outros conceitos. Há muitos sonhos diferentes que construímos, e, ao construir tantas estruturas, elas se chocam, anulando o poder de nossa palavra. Nesse momento, nossa palavra vale quase nada, porque quando existem duas forças indo em direções opostas, o resultado é nulo. Quando só há uma força indo numa direção, o poder é imenso, e nossas intenções manifestam-se só porque é isso o que nós dizemos, só porque nossa palavra tem todo o poder de nossa fé.

Como crianças, investimos nossa fé em quase tudo que aprendemos, e é assim que nós perdemos o poder sobre nossa própria vida. Quando chegamos à idade adulta, nossa fé já foi investida em tantas mentiras que mal sobrou algum poder para criar o sonho que desejamos. O sistema de crenças tem todo o poder de nossa fé, e, no final da equação, nós ficamos com uma fé quase igual a zero, e um poder quase igual a zero. E é fácil perceber como investimos num símbolo como Papai Noel, mas não é tão fácil notar de que forma fazemos a mesma coisa com quase todos os símbolos, todas as histórias e todas as opiniões que aprendemos sobre nós mesmos e sobre tudo.

Acredito que é muito importante que se entenda isso e a única maneira de tornar isso possível é tendo consciência de que é isso que estamos fazendo. Se tivermos a consciência de que investimos nosso poder pessoal em tudo aquilo que acreditamos, talvez seja fácil reivindicar nosso poder de volta dos símbolos, e estes não terão mais poder sobre nós. Se tirarmos o poder de todos os símbolos, eles passam a ser somente símbolos. E então eles obedecerão ao criador, o que significa o *verdadeiro* eu, e vão servir ao seu propósito *real*: ser uma ferramenta usada para nos comunicar.

Quando descobrimos que Papai Noel não existe, deixamos de acreditar nele, e o poder que investimos naquele símbolo volta para nós. É aí que nos tornamos conscientes de que nós é que concordamos em acreditar em Papai Noel. Quando recuperamos nossa consciência, vemos que nós é que concordamos em acreditar em toda a simbologia. E se somos nós quem colocamos o poder da fé em cada símbolo, então somos os únicos que podemos pegá-lo de volta.

Se tivermos essa consciência, acredito que possamos recobrar o poder sobre tudo aquilo em que acreditamos, nunca perdendo o controle sobre a nossa criação. Uma vez que possamos ver que nós criamos a estrutura de nossas crenças, isso nos ajudará a recuperar a fé em nós mesmos. Quando temos fé em nós mesmos, e não em nosso sistema de crenças, não temos mais dúvida de onde vem o poder, e começamos a desmontar a estrutura.

Uma vez que a estrutura de nosso sistema de crenças não existe mais, nos tornamos muito flexíveis. Podemos criar ou fazer o que quisermos. Podemos investir nossa fé no que quer que queiramos acreditar. A escolha é nossa. Se não acreditarmos mais em tudo aquilo que sabemos que nos faz sofrer, então o sofrimento desaparece magicamente. E não é preciso pensar muito; precisamos agir. É a ação que vai fazer a diferença.

7

A prática faz o mestre

O quarto compromisso:
Sempre dê o melhor de si

Quando você estiver pronto para mudar de vida, quando estiver pronto para mudar suas convenções, a coisa mais importante é a consciência. Você não pode mudar suas convenções se não estiver consciente daquilo que gosta e não gosta. Como você pode mudar qualquer coisa se não estiver sequer consciente de que deseja mudar? Mas é mais do que ser apenas consciente. A prática é que fará a diferença, porque você pode ter consciência, mas isso não significa que sua vida mudará. A mudança é resultado da ação; é o resultado da prática. A prática faz o mestre.

84 ☙ *O quinto compromisso*

Tudo o que você aprendeu foi por meio da repetição e da prática. Você aprendeu a falar, a andar e até mesmo a escrever por meio da repetição. Você é um mestre no discurso do seu idioma porque você praticou. E essa é a mesma maneira pela qual você aprendeu todas as crenças que comandam sua vida: pela prática. A forma como você vive sua vida neste exato instante é o resultado de muitos anos de prática.

Durante sua vida inteira você praticou, em todos os momentos, se tornar aquilo que acredita ser agora. Praticou até que isso se tornasse automático. E quando você começa a praticar algo novo, quando muda o que você pensa ser, sua vida inteira começa a se transformar. Se você praticar *ser impecável com a sua palavra*, se *não levar nada para o lado pessoal*, se você *não tirar conclusões*, conseguirá romper com milhares de acordos que lhe deixam encurralado em um sonho do inferno. Em pouco tempo, o que você concorda em acreditar passará a ser a escolha de seu eu *autêntico*, e não a escolha da *imagem* própria que você pensava ter.

O primeiro compromisso, *seja impecável com sua palavra*, é tudo de que você precisa para criar uma bela vida. Ela vai levar você até o paraíso, mas você talvez precise de apoio para esse compromisso. Quando você *não leva nada para o lado pessoal*, quando *não tira conclusões*, pode imaginar que é mais fácil ser impecável com sua palavra. Quando você não tira conclusões precipitadas, é mais fácil não levar nada para o lado pessoal e vice-versa. Quando você não faz nenhuma das duas coisas está respaldando o primeiro compromisso.

Os primeiros três compromissos podem parecer difíceis, até impossíveis, de se executar. Mas, acredite em mim, não é impossível, no entanto, tenho de concordar que é difícil, porque nós praticamos exatamente o contrário. Durante a vida inteira, nós praticamos acreditar na voz que está em nossa cabeça. Mas aí vem o quarto compromisso, e esse é fácil. Esse é o que faz todos os outros três serem possíveis: *Sempre dê o melhor de si.* Você pode dar o melhor de si e pronto. Nada mais, nada menos. Apenas dê o melhor de si. *Dê.* Parta para a ação. Como você pode dar o melhor de si se não partir para a ação?

Sempre dê o melhor de si é o compromisso que todos podem realizar. O seu melhor é, na verdade, a única coisa que você *pode* fazer. E o melhor de si não significa que às vezes você dá oitenta por cento e, em outras, vinte por cento. Você está sempre dando cem por cento — essa é sempre sua intenção —, só que o seu melhor estará sempre mudando. De um momento para o outro, você nunca é o mesmo. Você está vivo e mudando o tempo todo e o seu melhor está sempre mudando de uma hora para outra.

O seu melhor vai depender de você estar se sentindo fisicamente cansado ou descansado, de como você se sente emocionalmente. O seu melhor vai mudar ao longo do tempo, e, à medida que você mantiver o hábito de praticar os Quatro Compromissos, o seu melhor vai ficar cada vez melhor.

O quarto compromisso permite que os primeiros três se transformem em hábitos profundamente arraigados. A repetição e a prática farão de você um mestre, mas não espere dominar esses compromissos logo de cara. Não espere ser sempre impecável com sua palavra, nunca levar nada para o lado pessoal ou nunca tirar conclusões. Os seus hábitos estão arraigados com muita força na sua mente. Apenas dê o melhor de si.

Se você não conseguir cumprir um dos compromissos, faça-o outra vez. Recomece amanhã e de novo no dia seguinte. Continue praticando e praticando. A cada dia ficará mais fácil. Ao dar o melhor de si, os hábitos de fazer mau uso da palavra, levar as coisas para o lado pessoal e tirar conclusões precipitadas enfraquecerão e se tornarão menos frequentes com o tempo. Se você continuar agindo para mudar seus hábitos, isso vai acontecer.

E vai chegar a hora em que todos os quatro compromissos se tornarão um hábito. Você não precisa nem tentar. Já é automático, não precisa de esforço. Um dia, você descobre que está comandando sua própria vida com os Quatro Compromissos. Você é capaz de imaginar sua vida quando eles se transformarem em um hábito? Em vez de lutar com conflitos e dramas, sua vida inteira ficará bem mais fácil!

Se você vai criar de qualquer jeito, se não pode evitar sonhar, então por que não criar um sonho bonito? Você tem ũma mente, percebe a luz, você vai sonhar. Se você optar por não criar nada, vai acabar ficando entediado, e o grande juiz resistirá à monotonia. E então, evidentemente, ele vai lhe julgar de acordo com o que você acredita. "Ô, seu preguiçoso. Você devia estar fazendo alguma coisa com sua vida." Então, por que não sonhar bem e realmente curtir o seu sonho? Se você é capaz de acreditar em suas limitações, então por que não acreditar na beleza e no poder da vida que está fluindo através de você?

A vida nos dá tudo e tudo na vida pode ser um prazer. Por que não acreditar na generosidade da vida? Por que não aprender a ser generoso e gentil consigo mesmo? Se isso lhe faz feliz, e você é bom com todos à sua volta, por que não? Se você está sempre se transformando — se seu sonho está sempre mudando, mesmo quando você não quer que isso aconteça —, por que não dominar a transformação e criar seu próprio paraíso pessoal?

O sonho de sua vida é composto de milhares de pequenos sonhos dinâmicos. Sonhos nascem, crescem e morrem, o que significa que eles estão sempre se transformando. Mas geralmente eles se transformam sem você estar consciente disso; uma vez que esteja, você retoma o poder de mudar o sonho sempre que quiser. Quando descobre que tem o poder de criar um sonho de paraíso, você decide mudar o seu sonho, e os Quatro Compromissos são o instrumento perfeito para isso. Eles contestam o seu tirano, o juiz e a vítima em sua cabeça. Contestam todos aqueles pequenos compromissos que dificultam sua vida.

E se você contesta essas crenças simplesmente perguntando a si mesmo se o que acredita é verdadeiro, você acaba descobrindo uma coisa muito interessante: por toda a sua vida você tentou ser bom o bastante para alguém, acabando por ficar em último lugar. Você sacrificou sua liberdade pessoal para viver de acordo com o ponto de vista de outra pessoa. Você tentou ser bom o bastante para sua mãe, seu pai, seus professores, a pessoa amada, seus filhos, sua religião e a sociedade. Depois de tentar por tantos anos, você tenta ser bom o bastante para *você mesmo* e descobre que não é.

Por que não se colocar em primeiro lugar, talvez pela primeira vez na vida? Você pode reaprender como amar a si mesmo se aceitando incondicionalmente. E pode começar projetando um amor incondicional ao *verdadeiro* você. Então pratique amar o seu eu verdadeiro cada vez mais. Quando você se ama incondicionalmente, deixa de ser uma presa fácil para um predador externo que quer controlar sua vida. Você não se sacrifica por mais ninguém. Se você praticar o amor-próprio, vai dominá-lo.

Sempre dê o melhor de si é o compromisso que ajuda você a se tornar o artista magistral. Os três primeiros compromissos estão no campo da realidade virtual. O quarto compromisso está na esfera física. Ele tem a ver com agir e praticar, até você se tornar um mestre dos sonhos. Ao dar o melhor de si, dia após dia, eventualmente você se transformará em um mestre da arte da transformação. Dominar a transformação é o segundo domínio do artista, o que você pode ver nitidamente no quarto compromisso. Quando você sempre dá o melhor de si, está partindo para a ação, está se transformando e mudando o sonho de sua vida.

O objetivo desse segundo domínio é encarar e transformar aquilo em que você acredita. O domínio é obtido mudando os seus compromissos e reprogramando sua própria mente da sua própria maneira. O resultado que você almeja é a liberdade para viver a sua própria vida, em vez da vida do seu sistema de crenças. Quando aquele livro de leis não estiver mais em sua cabeça, o tirano, o juiz e a vítima também não estarão mais.

A transformação já começou e ela sempre começa por você. Você tem coragem para ser totalmente honesto consigo mesmo e encarar a verdade sobre como você escreve a sua história? Tem coragem para ver suas próprias superstições e mentiras? Você tem coragem para repensar quem você acredita ser ou será que existem feridas demais? Talvez você esteja pensando "não sei", mas pelo menos está aceitando o desafio. Está transformando o seu sonho, e isso está acontecendo agora, porque está desaprendendo todas as suas mentiras.

Os Quatro Compromissos são na verdade um resumo do *domínio da transformação*, e este é um processo de desaprender aquilo que você já aprendeu. Você aprende fazendo acordos e desaprende rompendo-os. Toda vez que você quebra um combinado, o poder da fé que você investiu nele volta para você, porque não será mais preciso gastar sua energia para manter esse acordo vivo.

Você começa rompendo acordos que são pequenos e exigem menos poder. À medida que desaprende, você começa a desmontar a estrutura de seu conhecimento, e isso libera sua fé. Quando você recupera sua fé, seu poder pessoal aumenta; sua vontade fica mais forte. Isso lhe dá o poder de mudar outro acordo, e depois outro, e mais outro. O seu poder pessoal continua aumentando, e, como você fica bem mais poderoso, começa a ver que qualquer coisa é possível. Logo você estará fazendo acordos que lhe levarão à felicidade, à alegria e ao amor. E então esses novos acordos ganharão vida e começarão a interagir com o mundo exterior, e todo o seu sonho se modificará.

Quando se desaprende, que é o que você está fazendo agora, você começa confrontando aquilo em que acredita. Como alguém encara aquilo em que acredita? Só há uma ferramenta para se fazer isso, que é a dúvida. A dúvida é um símbolo, obviamente, mas o que ele significa é muito poderoso. Com o poder da dúvida, você contesta cada mensagem que transmite e que recebe; cada crença de seu livro de leis. Aí desafia todas as convicções que regem a sociedade, até quebrar o feitiço de todas as mentiras e superstições que controlam o seu mundo. Como veremos na Parte II, o quinto compromisso lhe concede o poder da dúvida.

Parte II

O PODER DA DÚVIDA

8

O poder da dúvida

O quinto compromisso:
Seja cético, mas aprenda a escutar

O quinto compromisso é *seja cético, mas aprenda a escutar. Seja cético*, porque a maior parte do que você ouve não é verdade. Você sabe que os seres humanos falam através de símbolos e que estes não são verdadeiros. Símbolos só se tornam factuais se concordarmos com isso e não por eles serem realmente verdadeiros. Mas a segunda metade do acordo é *aprender a escutar* e a razão é simples: quando você aprende a escutar, compreende o significado dos símbolos que as pessoas estão usando, a história delas, e a comunicação melhora muito. Aí, em vez de toda a confusão entre os seres humanos que habitam a Terra, talvez passe a existir nitidez.

Uma vez que você perceba que praticamente nada daquilo que você apreende através dos símbolos é verdadeiro, então *seja cético* tem um significado bem mais amplo. *Seja cético* é um golpe de mestre porque usa o poder da dúvida para distinguir a verdade. Sempre que você ouve uma mensagem de si mesmo, ou de outro artista, simplesmente pergunte: *Isso é verdade ou não? Essa é uma realidade ou uma realidade virtual?* Essa dúvida leva você para *trás* dos símbolos e o torna responsável por todas as mensagens que você emite ou recebe. Por que você iria querer investir sua fé numa mensagem que não é verdadeira? Ao ser cético, você não acredita em todas as mensagens; você não deposita sua fé nos símbolos, e, sendo assim, ela fica com você.

Portanto, se fé é acreditar sem ter dúvidas, e duvidar é não acreditar, *seja cético. Não acredite.* E em que você não vai acreditar? Bem, você não vai acreditar em todas as histórias que nós, artistas, criamos a partir de nosso conhecimento. Você sabe que a maioria do nosso conhecimento não é verdadeiro — a simbologia inteira é falsa —, portanto *não acredite em mim, não acredite em você mesmo* e *não acredite em mais ninguém.* A verdade não precisa que você acredite nela; ela simplesmente existe, e sobreviverá, quer você acredite nela ou não. As mentiras precisam que você acredite nelas. Se você não acreditar, elas não sobreviverão ao seu ceticismo e simplesmente desaparecerão.

Mas o ceticismo pode tomar duas direções. Uma delas é fingir ser cético porque você acha que é inteligente demais para ser crédulo. "Vejam como eu sou inteligente. Não acredito em nada." Isso não é ceticismo. Ser cético é não acreditar em tudo o que você ouve, e você não acredita porque não é a verdade, só isso. A maneira de ser cético é apenas estar ciente de que toda a humanidade acredita em mentiras. Você sabe que os homens distorcem a verdade porque estamos sonhando, e nosso sonho é apenas um reflexo da verdade.

Todo artista distorce a verdade, mas você não precisa julgar o que alguém diz ou chamar a pessoa de mentirosa. Todos nós falamos mentiras de um jeito ou de outro, e não é por querer. É por causa daquilo em que acreditamos, é por causa dos símbolos que nós apreendemos e da maneira como nós aplicamos todos eles. Uma vez que você esteja ciente disso, o quinto compromisso faz muito sentido, e isso pode fazer uma grande diferença em sua vida.

As pessoas irão até você para contar a história pessoal delas. Vão contar o ponto de vista delas, o que elas acreditam ser verdade. Mas você não julgará se isso é verdade ou mentira. Você não julga, mas respeita. Você ouve a maneira como os outros expressam os símbolos deles, ciente de que qualquer coisa dita por eles é distorcida pelas crenças que eles possuem. Você sabe que o que eles estão lhe dizendo não é mais do que uma história, e sabe disso porque pode sentir. Você simplesmente *sabe*. Mas também sabe quando as palavras vêm da verdade, e sabe disso sem precisar de palavras, e essa é a questão principal.

Verdade ou ficção, você não precisa acreditar na história de ninguém. Você não tem de formar uma opinião sobre o que os outros dizem. Não tem de expressar a própria opinião. Não deve concordar ou discordar. Basta *ouvir*. Quanto mais impecável alguém é com a própria palavra, mais nítida será a mensagem, mas as palavras que chegam de outro artista não têm nada a ver com você. Você sabe que nada é pessoal. Você ouve e compreende todas as palavras, mas essas não lhe afetam mais. Você não julga mais o que os outros dizem porque você compreende o que eles estão fazendo. Elas só estão permitindo que você saiba o que se passa no mundo virtual delas.

Você já tem a consciência de que todos os artistas vivem em seu próprio sonho, em seu próprio mundo. Nesse mundo, tudo o que eles percebem é verdade para eles, e pode ser que isso seja absolutamente verdadeiro para os artistas que estão expressando suas histórias, mas não o ser para você. A única verdade para você é aquilo que você percebe no próprio mundo. Com essa consciência, não há o que se provar a ninguém. Não é uma questão de estar certo ou errado. Você respeita tudo o que os outros dizem porque é outro artista que está falando. Respeito é muito importante. Quando você aprende a escutar, demonstra respeito pelos outros artistas — respeito pela arte e pela criação deles.

Todo artista tem o direito de criar a própria arte da maneira que quiser; o direito de acreditar no que quiser; o direito de falar o que quiser, mas, se você não aprender a escutar, nunca compreenderá o que eles estão dizendo. Escutar é muito importante na comunicação. Quando você aprende a ouvir, sabe exatamente o que as outras pessoas querem. Uma vez que você saiba o que elas querem, o que você faz com essa informação dependerá de você. Você pode reagir ou não, concordar ou

O poder da dúvida 〜 97

discordar do que elas dizem, e isso dependerá daquilo que *você* quer.

Só porque as outras pessoas querem alguma coisa, isso não quer dizer que você tenha que dar a elas o que querem. Os outros estão sempre tentando chamar sua atenção porque assim eles podem passar qualquer informação. Muitas vezes, você nem quer essa informação. Você escuta, mas não quer aquilo; ignora e muda de rumo. Mas se a informação prender sua atenção, então você realmente vai querer escutar e descobrir se o que aquela pessoa está dizendo é importante para você. Então você pode compartilhar o seu ponto de vista se quiser, sabendo que é apenas um ponto de vista. Essa escolha é sua, mas a chave de tudo é *escutar.*

Se você não aprende a escutar, nunca vai entender o que estou dividindo com você agora. Você chegará a conclusões precipitadas e reagirá como se fosse um sonho seu, quando não é. Quando os outros artistas repartirem o sonho deles com você, apenas tenha em mente que é o sonho *deles.* Você sabe o que o seu sonho é e o que ele não é.

Neste momento, estou compartilhando a maneira como percebo o mundo, o modo como eu sonho, e as minhas histórias são verdadeiras para mim, mas sei que elas não são a *real* verdade, portanto não acredite em mim. Tudo que eu disser é apenas o meu ponto de vista. É lógico que, do meu ponto de vista, estou dividindo a verdade com você. Dou o melhor de mim para usar as palavras da forma mais impecável possível, de modo que você possa entender o que estou dizendo. Porém,

98 ❧ *O quinto compromisso*

mesmo que eu divida uma cópia exata da verdade contigo, sei que você distorcerá minha mensagem assim que ela sair da minha mente e entrar na sua. Você vai ouvir a mensagem e dizer a si mesmo a mesma mensagem de uma maneira completamente diferente, de acordo com o *seu* ponto de vista.

Então, o que eu digo talvez seja verdade ou não, mas talvez o que você acredite não seja verdade. Sou apenas metade da mensagem; você é a outra. Sou responsável pelo que eu falo, mas não pelo que você depreende; você, sim. Você é responsável pelo que quer que ouça em sua cabeça, já que é quem dá sentido a todas as palavras que você ouve.

Agora mesmo, você está interpretando o que estou dizendo de acordo com o próprio conhecimento pessoal. Está rearranjando os símbolos e os transformando de uma maneira que mantenha um equilíbrio com todo o seu sistema de crenças. Uma vez que esse equilíbrio é atingido, você pode aceitar a minha história como verdadeira ou não. E você pode tirar a conclusão que o que está dizendo a si mesmo é o que eu pretendia dizer, mas isso não significa que a sua pressuposição seja verdadeira. Você pode interpretar mal o que eu disse, pode usar o que ouviu para me culpar, culpar outra pessoa, a sua religião ou filosofia, ou ficar com raiva de todo mundo, principalmente de si mesmo. Você também pode usar tudo aquilo que ouve para encontrar a verdade, se encontrar, fazer as pazes consigo mesmo e talvez até mudar a mensagem que envia a si próprio.

O que quer que você faça com as minhas palavras só depende de você. O sonho é seu, e eu o respeito. Você não precisa acreditar em mim, mas, se aprender a ouvir, pode entender o que estou dizendo. Se a informação que compartilho faz sentido para você, então pode fazer disso parte do seu sonho, se quiser. Você pode pegar o que quer que funcione para você e usar para modificar o seu sonho; o que não servir, basta ignorar. Para mim, não fará a menor diferença, mas talvez faça diferença para você, porque eu parto do princípio — sabendo que isso é só uma suposição — de que você quer ser um artista melhor e é por isso que está pondo à prova as próprias crenças.

Portanto, *seja cético*. Não acredite em mim, não acredite em mais ninguém, mas, especialmente, não acredite em si mesmo. Quando eu digo *não acredite em si mesmo*, Deus do céu, você consegue ver em que isso implica? Não acredite em nada do que você aprendeu! Não acreditar em si mesmo é uma grande vantagem porque a maior parte daquilo que você aprendeu não é factual. Tudo o que você sabe, toda a sua realidade, não passa de símbolos. Mas você não é esse amontoado de símbolos que falam em sua cabeça. Por saber disso você é um cético e não acredita em si mesmo.

Se suas crenças estão lhe dizendo "eu sou gordo, sou feio, sou velho, sou um perdedor, não sou bom o bastante, não sou suficientemente forte, nunca vou conseguir", então não acredite em si mesmo, porque nada disso é verdade. Essas mensagens estão distorcidas, não são nada além de mentiras. Uma vez que você possa ver as mentiras, não precisa mais acreditar nelas. Utilize o poder da dúvida para contestar cada mensagem que você envia para si mesmo. "Será *realmente* verdade que eu sou feio? Será *realmente* verdade que não sou bom o bastante?" Essas mensagens são reais ou virtuais? É óbvio que são virtuais. Nenhuma delas vem da verdade, da vida; elas vêm de distorções em nosso conhecimento. A verdade é que não existem pessoas feias. Não existem pessoas boas ou fortes o bastante. Não há qualquer livro de leis universal onde esses julgamentos sejam reais. Tais opiniões são apenas acordos feitos pelos seres humanos.

Você consegue ver as consequências de acreditar em si mesmo? Fazer isso é uma das piores coisas porque você passou a vida contando mentiras a si mesmo, e se acredita nessas mentiras, é porque seu sonho não lhe dá prazer. Se você acredita no que diz a si mesmo, pode usar todos os símbolos que aprendeu para se machucar. Seu sonho pessoal talvez até seja um verdadeiro inferno porque acreditar em mentiras é a maneira pela qual você cria o seu inferno pessoal. Se você está sofrendo, não é porque alguém está causando isso; é porque você obedece ao tirano que está comandando em sua cabeça. Quando esse tirano lhe obedecer, quando não existir mais um juiz ou uma vítima em sua mente, você não sofrerá mais.

O seu tirano é impiedoso; está sempre abusando e usando todos os símbolos contra você. Ele se desenvolve a partir do veneno emocional gerado pelas emoções negativas e gera essas emoções em você julgando e emitindo opiniões. Ninguém julga você mais do que você mesmo. É lógico que você tenta fugir do julgamento, da culpa, da rejeição e da punição. Mas como você consegue fugir de seus próprios pensamentos? Se você não gosta de alguém, pode se afastar. Mas se não gosta de si, aonde quer que você vá, ainda estará lá. Você pode se esconder de todas as outras pessoas, mas nunca do próprio julgamento. É como se não houvesse saída.

É por isso que tantas pessoas comem demais, usam drogas, abusam do álcool e ficam viciadas em várias substâncias e comportamentos. Elas tentam fazer tudo que podem para evitar a própria história, para evitar a própria criação, por isso estão distorcendo todos esses símbolos na cabeça delas. Alguns sofrem com tanta dor emocional que decidem acabar com a própria vida. Isso é o que as mentiras podem fazer com qualquer um de nós. A voz do conhecimento pode ficar tão distorcida e criar tanto ódio contra si mesmo que termina por matar o ser humano. E tudo isso é só porque acreditamos em todas aquelas opiniões que apreendemos ao longo de tantos anos.

Imagine apenas que todas as suas opiniões, juntamente com todas as opiniões de todo mundo à sua volta, são como um imenso furacão dentro de você. Imagine acreditar em todas essas opiniões! Bem, se você for cético, se não acreditar em si mesmo, se não acreditar em ninguém, então nenhuma dessas opiniões poderá perturbá-lo ou tirá-lo de seu eixo. Quando você tem controle sobre a própria simbologia, está sempre centrado, relaxado e calmo, porque é o seu eu *real* que faz as escolhas de sua vida e não os símbolos. Quando quer comunicar alguma coisa, você requisita os símbolos, e é assim que eles saem de sua boca.

Você é o artista e por isso pode arrumar os símbolos do jeito que quiser, na direção que quiser, porque todos eles estão sob o seu comando. Você pode usá-los para pedir algo de que precise, para expressar o que você quer e o que não quer. Você pode expressar seus pensamentos, sentimentos, sonhos, na mais bela prosa ou poesia. Mas o fato de usar uma linguagem para se comunicar não implica em sua crença nela. Por que é preciso acreditar no que você já sabe? Quando você está sozinho e falando consigo mesmo, isso não tem a menor importância. O que você pode dizer a si mesmo que você ainda não saiba?

Se compreender o quinto compromisso, você verá a razão pela qual não precisa acreditar naquilo que pode *ver*, no que você já conhece sem as palavras. A verdade não surge com as palavras, ela é silenciosa. É uma coisa que apenas você sabe; algo que pode sentir sem palavras, o que é chamado de *conhecimento silencioso*. Conhecimento silencioso é aquilo que você sabe antes de investir sua fé nos símbolos. Ao se abrir para a verdade, aprende a escutar, então todos os símbolos perdem seu valor e a única coisa que permanece é a verdade. Não há nada a saber, nada a justificar.

O que estou dividindo com você não é fácil de entender e, ao mesmo tempo, é tão simples que chega a ser óbvio. No fim das contas, você vai perceber que os idiomas são símbolos reais só porque você *pensa* que eles são, e se você deixá-los de lado, o que vai sobrar? A verdade. Aí você vê uma cadeira e não vai saber como chamá-la, mas pode se sentar nela que a verdade está ali. A matéria é verdade. A vida é verdade. A luz é verdade.

O poder da dúvida ❧ *103*

O amor é verdade. O sonho humano não é verdade, mas isso não quer dizer que ele seja mau. Ser mau é apenas mais um conceito que também não é verdadeiro.

Uma vez que você percebe que cria toda uma simbologia para se comunicar com a própria espécie, então descobre que os símbolos realmente não são bons ou maus, certos ou errados. Você os torna certos ou errados de acordo com suas crenças. Esse é o poder da sua convicção, mas a verdade está além das convicções. Quando você vai além dos símbolos, o que encontra é um mundo de perfeição onde tudo e todos na criação são perfeitos. Até o investimento de sua crença em cada palavra é perfeito. Até sua raiva, seu drama e suas mentiras são perfeitos. Até o inferno em que você às vezes vive é perfeito porque só existe perfeição. Imagine só se você tivesse vivido o tempo todo sem ter aprendido todas as mentiras que integram o seu conhecimento, sem sofrer com o investimento de sua fé nessas mentiras, superstições e opiniões. Você seguiria a vida como o resto dos animais, ou seja, manteria a inocência por toda a sua vida.

No processo de domesticação você perde a inocência, mas ao perder a inocência, começa a procurar o que perdeu e isso o leva ao despertar da consciência. Uma vez que a recupera, você passa a ser totalmente responsável pela própria evolução — e pelas escolhas que faz na vida.

Quando você é educado pelo sonho do planeta, não tem escolha: aprende várias mentiras. Mas talvez seja tempo de desaprendê-las e reaprender como ir atrás da verdade seguindo

104 ❧ *O quinto compromisso*

o próprio coração. Esse desaprendizado, ou o que eu chamo de *desdomesticação*, é um processo muito lento, mas poderoso. Como já dissemos, toda vez que você tira o poder de um símbolo, esse poder volta para você e continua assim, até que finalmente a simbologia inteira não tenha poder algum sobre você.

Quando você retira o poder de todos os seus símbolos e o traz para você, o sonho inteiro fica sem poder. E uma vez que todo esse poder volta, você passa a ser invencível. Nada pode lhe derrotar. Ou talvez eu devesse dizer que você não pode mais se derrotar, que é exatamente a mesma coisa.

Uma vez que você recupera todo o poder que investiu nos símbolos, não acredita mais em todos os pensamentos que chegam à sua cabeça; não acredita na própria história. Mas você a ouve, e como a respeita, pode se divertir com ela. Quando se vai ao cinema ou lê um romance, não se acredita naquilo, mas pode se divertir, certo? Uma vez que se percebe a diferença entre realidade verdadeira e realidade virtual, você sabe que pode confiar na primeira e não precisa acreditar na segunda, mas pode curtir as duas; curtir o que existe e o que você cria.

Embora saiba que sua história não é verdade, você pode criar a história mais bonita que quiser e guiar a sua vida através dela. Pode criar seu paraíso pessoal e viver nele. E se puder compreender as histórias de outras pessoas, e elas puderem entender a sua, então juntos vocês podem criar o mais bonito dos sonhos. Mas primeiro será preciso desaprender muito e o quinto compromisso é a ferramenta perfeita para isso.

Aonde quer que você vá no mundo, vai ouvir todo tipo de opiniões e histórias de outras pessoas. Encontrará grandes contadores de histórias querendo dizer a você o que fazer com a própria vida: "Você devia fazer isso, devia fazer aquilo, devia fazer aquilo outro." Não acredite neles. *Seja cético, mas aprenda a escutar*, e então faça as suas escolhas. Seja responsável por todas as escolhas que fizer na vida. A vida é sua, de mais ninguém, e você vai ver que ninguém precisa se meter naquilo que você faz com ela.

Há vários séculos existem pessoas que dizem conhecer os desígnios de Deus e que saem mundo afora pregando a bondade e a retidão, condenando todo mundo. Há vários séculos existem profetas que preveem grandes catástrofes no planeta. Há não muito tempo, houve gente que previu que, no ano 2000, todos os computadores entrariam em colapso e a sociedade como a conhecemos desapareceria. Algumas pessoas chegaram a pensar que voltaríamos à idade das cavernas. O dia chegou, nós celebramos o século novo, o ano novo e o que aconteceu? Nada.

Milhares de anos atrás, exatamente como hoje, houve profetas que esperavam pelo fim do mundo. Naquela época, um grande mestre disse: "E haverá falsos profetas, que dirão estar falando a palavra de Deus. *Não acreditem.*" Como você pode ver, o quinto compromisso não é uma real novidade. *Seja cético, mas aprenda a escutar.*

9

O sonho da primeira atenção

As vítimas

*I*sso me leva à história de Adão e Eva no Paraíso. Adão e Eva representam todos os seres humanos, e Deus nos disse que poderíamos comer o que quiséssemos, menos a fruta da Árvore do Conhecimento. No dia em que comêssemos a fruta daquela árvore, morreríamos. Muito bem, nós comemos... e morremos.

É lógico que essa é só uma história, mas o importante é o significado dela. Por que nós morremos quando comemos a fruta dessa árvore? Porque o verdadeiro nome da Árvore do Conhecimento é Árvore da Morte. A outra árvore do Paraíso é a Árvore da Vida. A Vida é a verdade, e esta simplesmente existe, sem a necessidade de palavras ou símbolos. A Árvore do Conhecimento é um mero reflexo da Árvore da Vida. Nós já sabemos que o conhecimento é criado por símbolos e que os símbolos não são reais. Quando comemos o fruto da Árvore do Conhecimento, os símbolos transformam-se em uma realidade virtual que nos fala como se fosse a voz do conhecimento, e nós vivemos nessa realidade acreditando que ela é real, sem termos consciência disso, é lógico.

É evidente que os seres humanos comeram o fruto da Árvore da Morte. Do meu ponto de vista, existem bilhões de seres humanos vagando pelo mundo que estão mortos, mas que *não sabem* disso. Sim, os corpos deles estão vivos, mas eles estão sonhando sem qualquer consciência desse fato, e isso é o que os toltecas chamam de *o sonho da primeira atenção*.

O sonho da primeira atenção é aquele que nós criamos utilizando nossa atenção pela primeiríssima vez. Isso é o que também chamo de *sonho habitual dos seres humanos*, ou podemos dizer que seja o *sonho das vítimas*, porque somos vítimas de todos os símbolos que criamos, de todas as vozes em nossa cabeça, de todas as superstições e distorções em nosso conhecimento. No sonho das vítimas, onde vive a maioria das pessoas, somos vítimas de nossa religião, de nosso governo e de toda a nossa maneira de pensar e acreditar.

Quando somos crianças, não podemos nos defender contra todas as mentiras que vêm com a Árvore do Conhecimento. Conforme dissemos anteriormente, nossos pais, escolas, religião e toda a nossa sociedade chamam a nossa atenção e nos apresentam às suas opiniões e crenças. Nós acreditamos em nossa

O sonho da primeira atenção ❧ *109*

religião porque nossos pais acreditam nela, porque nos levam à igreja ou a outro local sagrado, e aprendemos a acreditar naquilo que nos dizem. Os adultos que tomam conta de nós nos contam suas histórias, nós vamos à escola e aprendemos mais histórias. Aprendemos a história de nosso país, aprendemos sobre todos os heróis, todas as guerras, todo o sofrimento humano.

Os adultos preparam-nos para ser parte de nossa sociedade e posso dizer, sem dúvida alguma, que é uma sociedade totalmente regida por mentiras. Nós aprendemos a viver no mesmo sonho que eles; nossa fé fica encurralada na estrutura desse sonho, que passa a ser normal para nós. Mas não creio que eles tenham feito isso movidos por más intenções. Os adultos só podem nos ensinar o que sabem; não podem ensinar o que não sabem. O que eles sabem é o que aprenderam a vida inteira, aquilo em que acreditaram ao longo da própria existência. Você pode ter certeza absoluta de que seus pais fizeram o melhor que puderam por você, na ocasião. Se não fizeram melhor foi porque não tinham conhecimentos melhores. Pode apostar que eles fizeram todo tipo de julgamento sobre si mesmos e que todo o restante do mundo também os estava julgando. Eles viviam no sonho da primeira atenção, o *mundo inferior*, o sonho que nós chamamos de *Hades* ou *inferno*. Estavam mortos.

É lógico que nem todos esses símbolos são exatamente verdadeiros. A verdade está *por trás* dos símbolos — na *intenção* ou no *significado* dos símbolos. Quando as religiões descrevem o sonho do inferno dizem que é um lugar em que queimamos, em que somos julgados, e um lugar de punição eterna. Bem,

110 ❧ *O quinto compromisso*

essa descrição do inferno é o sonho comum dos seres humanos. Isso é exatamente o que está se passando na mente humana — o julgamento, a culpa, a punição e as emoções geradas pelo medo que são como um fogo queimando dentro de nós. O medo é o rei do mundo inferior e rege o nosso mundo criando as distorções em nosso conhecimento. O medo cria um mundo inteiro de injustiça e drama emocional, todo o pesadelo em que vivem bilhões de pessoas.

E qual é o maior medo neste mundo? O medo da verdade. Os seres humanos têm medo da verdade porque aprendem a acreditar em muitas mentiras. É óbvio que nós também temos medo das mentiras em que acreditamos. Sendo verdade ou ficção, o simples fato de termos conhecimento faz com que nos sintamos seguros, mas aí sofremos porque acreditamos no que sabemos, e quase todo o nosso conhecimento não é verdadeiro. É somente um ponto de vista, mas nós acreditamos nele e re-passamos as mesmas mensagens distorcidas aos nossos filhos. Toda a sequência continua, e a história dos seres humanos se repete mais uma vez, depois mais outra e mais outra.

Há muito tempo, os sábios comparavam o sonho da pri-meira atenção a um mercado onde milhares de pessoas falam ao mesmo tempo, mas ninguém está de fato ouvindo algo. Os toltecas chamam isso de *mitote*, que é uma palavra nahuatal que significa "fofoca extrema". Nesse *mitote*, utilizamos a palavra contra nós mesmos e, quando nos relacionamos com outras pessoas, a usamos contra elas.

Todo ser humano é um mago e em todas as interações entre magos há feitiços sendo lançados em todas as direções. De que forma? Pelo mau uso da palavra, levando-se tudo para o lado pessoal, distorcendo-se tudo o que percebemos com pressuposições, fofocando e espalhando veneno emocional com a palavra. Os seres humanos lançam feitiços principalmente sobre as pessoas que mais amam, e quanto mais autoridade nós tivermos, mais poderosos serão os feitiços. Autoridade é o poder que um ser humano tem de controlar outros humanos e fazê-los obedecer. Você pode se ver como uma criança que tem medo da autoridade. Também pode ver adultos tendo medo de autoridades. Palavras faladas com autoridade transformam-se em feitiços poderosos que afetam outros seres humanos. Por quê? Porque nós *acreditamos* nessas palavras.

Se compreendermos o poder da simbologia, poderemos ver aonde os símbolos estão nos levando. Poderemos ver pela maneira como nos comportamos, pela interação que temos com as outras pessoas, mas principalmente com nós mesmos. Ficamos possuídos por uma ideia, uma crença, uma história. Às vezes é a raiva que nos consome; às vezes, a inveja; às vezes, o amor. Os símbolos competem pela nossa atenção, e de um jeito ou de outro, mudam o tempo todo; e se revezam nos possuindo. Há milhares de símbolos que querem ocupar um lugar em nossa cabeça e nos controlar. Como dissemos anteriormente, todos esses símbolos estão vivos, e nós lhe conferimos essa vida porque *acreditamos* neles.

112 ❧ *O quinto compromisso*

Os símbolos ficam falando sem parar em nossa cabeça. Não param nunca. É como se tivéssemos um narrador na cabeça dizendo tudo o que acontece à nossa volta, como se não estivéssemos conscientes do que estamos percebendo. "E agora o sol está se pondo. Legal. Estou com calor. Olha, tem umas árvores ali! O que aquela pessoa está fazendo? Imagino o que ela está pensando." A voz do conhecimento quer saber o que tudo significa. Ela mal pode esperar para interpretar tudo o que acontece em nossas vidas; diz-nos o que fazer, quando fazer, onde fazer e como fazer; está sempre nos lembrando no que acreditamos ou não sobre nós mesmos; está sempre nos dizendo tudo aquilo que não somos; está sempre perguntando por que não somos do jeito que deveríamos ser.

No sonho da primeira atenção, o mundo em que vivemos é igual a um reality show, cujo apresentador é a voz do conhecimento. E, evidentemente, nós sempre estaremos certos e todas as outras pessoas erradas, porque usamos tudo o que conhecemos para justificar todo o nosso show. E que reality! É o nosso campeão de audiência. Nós criamos todos os personagens do enredo, e o que quer que acreditemos sobre cada um deles não é, e nunca foi, verdade. Com toda uma Árvore do Conhecimento dentro da cabeça, não percebemos mais a verdade, mas o nosso conhecimento e as mentiras. Quando só percebemos as mentiras, nossa atenção fica encurralada no sonho do inferno; não captamos mais a realidade do paraíso à nossa volta. E foi assim que todos os seres humanos caíram do Paraíso.

Na história de Adão e Eva, houve um diálogo muito importante com uma cobra que vivia na Árvore do Conhecimento. Aquela cobra era um anjo caído que mandava mensagens distorcidas; ela era o Príncipe das Mentiras, e nós, inocentes. A cobra nos perguntou: "Vocês querem ser iguais a Deus?" É uma pergunta simples, mas você consegue perceber a armadilha? Se nós respondêssemos "não, obrigado, eu já sou Deus", ainda estaríamos vivendo no Paraíso, mas nós respondemos: "Sim, quero ser igual a Deus." Nós não percebemos a mentira, mordemos a fruta e engolimos a mentira. E morremos.

O que nos faz morder a maçã sem perceber a mentira é a dúvida. Antes de ela existir, nós não sabemos nada; a verdade está lá e nós simplesmente vivemos com ela. Uma vez que ingerimos a mentira, não acreditamos mais que somos Deus, e é aí que começamos a procurá-lo. Depois acreditamos que precisamos criar um templo para encontrar Deus, de um lugar para adorá-lo. Temos de sacrificar tudo para chegar a ele; temos de infligir dor em nós mesmos e oferecer nossa dor a Deus. E logo temos um grande templo com milhares de pessoas acreditando que não são Deus. É lógico que precisamos dar um nome a Deus e o resultado disso é a criação de uma religião.

Criamos o deus do trovão, o deus da guerra, a deusa do amor, e os chamamos de Zeus, Marte e Afrodite, respectivamente. Milhares de pessoas, talvez milhões, acreditaram nesses deuses e os idolatraram. Ofereceram suas vidas em sacrifício a eles. Chegaram a matar os próprios filhos como oferenda a esses deuses porque acreditavam que tais deuses eram a verdade. Mas eles eram?

114 ❧ *O quinto compromisso*

Como você pode perceber, a primeira mentira em que acreditamos é "eu não sou Deus". Dessa mentira deriva outra, depois outra e mais outra, e nós continuamos acreditando, acreditando e acreditando. Muito em breve já são tantas mentiras que chega a ser avassalador, e nos esquecemos de nossa própria divindade. Vemos a beleza e a perfeição de Deus e queremos ser como ele — queremos ser essa "imagem da perfeição" —, buscando cada vez mais a perfeição.

Seres humanos são contadores de histórias e contamos aos nossos filhos histórias sobre um deus que é perfeito, que nos julga e nos pune quando nos comportamos mal. Contamos a eles que o Papai Noel recompensa as criancinhas que são "boas", ou parecidas com "Deus". Essas mensagens são distorcidas. O tipo de deus que brinca com a justiça não existe. Papai Noel não existe. Todo esse conhecimento em nossa cabeça não é real.

Veja que, quando conversamos com a cobra na Árvore do Conhecimento, nós falamos com um reflexo distorcido de nós mesmos. É daquela cobra na Árvore do Conhecimento que nós realmente temos muito medo. Tememos nosso próprio reflexo. Isso não é uma besteira? Imagine olhar sua imagem refletida num espelho. O reflexo parece ser uma cópia exata do que é real, mas a imagem no espelho é o contrário do que é real; sua mão direita fica à esquerda, no espelho. A verdade é sempre distorcida pelo reflexo.

Quando somos crianças, os espelhos à nossa volta prendem nossa atenção para que possamos vê-los, e o que vemos são imagens distorcidas de nós mesmos, de acordo com o humor deles, com o momento em que esses espelhos estão nos refletindo, com qualquer sistema de crenças que eles utilizem para justificar suas percepções. Os seres humanos à nossa volta nos dizem o que eles *pensam* que nós somos, mas não existe um espelho nítido que reflita quem nós *realmente* somos. Todos os espelhos são completamente distorcidos. Eles projetam o que acreditam sobre nós e quase tudo em que acreditam é mentira. Nós podemos crer ou não, mas quando crianças, somos inocentes e tomamos quase tudo como verdade. Depositamos nossa fé em mentiras; damos vida e poder a elas, e logo essas mentiras estão administrando nossas vidas.

A história do Príncipe das Mentiras é apenas uma história, mas é belíssima, composta de símbolos que podemos entender e então chegar a conclusões. Acredito que o significado seja explícito. Uma vez que começamos a pensar que não somos Deus, todo o pesadelo tem início. Caímos do Paraíso e vamos direto para o mundo inferior, para o que chamamos de *inferno*. Começamos a procurar por Deus, começamos a procurar pelo nosso *eu*, porque a Árvore do Conhecimento está vivendo a nossa vida e o nosso eu autêntico está morto.

E isso me faz lembrar de outra história de Jesus Cristo, que caminhava com seus discípulos quando viu um homem que ele entendia ser merecedor de seus ensinamentos. Ele foi até o homem e disse: "Venha se unir a nós." O homem respondeu: "Eu vou, mas meu pai acabou de morrer. Preciso enterrá-lo e depois lhe seguirei." E Jesus retrucou: "Deixe os mortos enterrarem os mortos. Você está vivo. Venha comigo."

116 ❧ *O quinto compromisso*

Se você compreende a história, é fácil ver que está "morto" quando não está acordado, quando não está consciente de quem você é. Você é a *verdade*; você é *vida*; você é *amor*. Mas no processo de domesticação, o sonho exterior, o sonho do planeta, chama sua atenção e lhe alimenta com todas as suas crenças. Pouco a pouco, você se torna uma cópia do sonho exterior. Você reproduz tudo o que aprende de todos e de tudo à sua volta. Você imita não só as crenças, mas o comportamento, ou seja, imita não só o que as pessoas falam, mas o que elas fazem. Você percebe o estado emocional daqueles à sua volta e imita até mesmo isso.

Você não é quem *realmente* é, porque você foi possuído por essa imagem distorcida de si mesmo. E talvez isso seja um pouco difícil de entender, mas esse tempo todo foi você quem possuiu *você*. O que está lhe possuindo é o seu você *virtual*. É o que você *pensa* que é, o que *acredita* ser, e essa imagem que você tem de si mesmo passa a ser extremamente poderosa. Todos esses anos de prática fizeram de você um mestre em fingir ser o que pensa que é. E essa imagem própria distorcida é o seu túmulo, porque o verdadeiro você não é quem está vivendo a sua vida. Então, quem está vivendo a sua vida?

Será que é o real você quem cria todo o drama e sofrimento em sua vida? Será que é o verdadeiro você quem diz que "a vida é um vale de lágrimas, e nós estamos aqui para sofrer"? Será que é o verdadeiro você quem se julga e se pune e convida outras pessoas para puni-lo também? Será que é o real você quem abusa de seu corpo? Será que é o verdadeiro você que não gosta de si mesmo? Será que é *realmente* o verdadeiro você que está sonhando tudo isso?

Não, não é o real você. Você está morto e essa é que é a verdade. E qual é a chave para voltar à vida? *Consciência.* Quando recupera a consciência, você ressuscita e volta à vida. Na tradição cristã, o dia da ressurreição foi quando Cristo voltou dos mortos e mostrou sua divindade ao mundo. É por isso que você está aqui: para voltar dos mortos e reivindicar a própria divindade. Está na hora de voltar do mundo da ilusão, do mundo das mentiras, e retornar à sua verdade, à própria autenticidade. Está na hora de desaprender as mentiras e se tornar o verdadeiro você. E, para fazer isso, você precisa voltar à vida, que é a verdade.

A consciência é a chave para se voltar à vida e é uma das principais áreas de domínio dos toltecas. A consciência tira você do sonho da primeira atenção e lhe coloca no sonho da segunda atenção, onde você se rebela contra todas as mentiras que dominam sua cabeça. Você se rebela e o sonho inteiro começa a mudar.

10

O sonho da segunda atenção

Os guerreiros

*N*a primeira vez que aprendemos como sonhar, existem muitas coisas das quais não gostamos, a que somos contrários, mas simplesmente aceitamos o sonho como ele é. Aí, por qualquer que seja a razão, tornamo-nos conscientes de que não apreciamos a maneira como vivemos nossa vida; tornamo-nos conscientes sobre o que estamos sonhando e não queremos mais esse sonho. Agora tentamos usar a atenção pela segunda vez para mudar o nosso sonho, para criar um segundo sonho. Isso é o que os toltecas chamam de *o sonho da segunda atenção*, ou *o sonho dos guerreiros*, porque agora nós declaramos guerra contra todas as mentiras que compõem o nosso conhecimento.

120 ❧ *O quinto compromisso*

No sonho da segunda atenção, começamos a duvidar: "Talvez tudo o que eu tenha aprendido não seja a verdade." Começamos a contestar aquilo em que acreditamos; começamos a questionar todos os conceitos que aprendemos. Sabemos que há alguma coisa em nossa cabeça que nos pressiona a fazer várias coisas que talvez nós não quiséssemos — algo que tem um controle total da nossa mente — e não gostamos disso. E, sendo assim, num certo ponto começamos a nos rebelar.

Na rebelião, tentamos recuperar nossa autenticidade, o que eu chamo de *integridade* do eu, ou a totalidade do que nós somos. No sonho da primeira atenção, o eu autêntico não tem a menor chance; é uma vítima completa. Nós não nos rebelamos, sequer tentamos. Mas agora não queremos mais ser a vítima, tentamos mudar nosso mundo. Tentamos recuperar nossa liberdade pessoal — a liberdade para ser quem realmente somos, para fazer o que realmente queremos fazer. O mundo dos guerreiros é o mundo das tentativas. Tentamos mudar o mundo de que não gostamos e continuamos a tentar, a tentar e a tentar; a guerra parece não ter fim.

No sonho dos guerreiros, estamos em uma guerra, mas ela não é contra as outras pessoas. Não tem nada a ver com o sonho exterior. Tudo está se passando dentro de nossa mente. É uma guerra contra aquela parte de nossa mente que faz todas as escolhas que nos guiam ao nosso inferno pessoal. É uma guerra entre o eu autêntico e o que chamamos de *o tirano, o grande juiz, o livro da lei, o sistema de crenças.* É uma guerra entre ideias, opiniões e crenças. Também chamo a isso de *a guerra dos deuses* porque todas essas ideias lutam pelo domínio da mente humana. E assim como os deuses da antiguidade, eles pedem um sacrifício humano.

Sim, o sacrifício humano que oferecemos aos deuses acontece ainda hoje, mesmo que afirmemos não acreditar mais em sacrifícios humanos. É óbvio que nós mudamos os nomes dos deuses; mudamos o *significado* de todos aqueles símbolos a que chamamos de *deus*. Talvez não acreditemos mais em Apolo, em Zeus e em Osíris; mas nós acreditamos na justiça, na liberdade e na democracia. Esses são os nomes dos novos deuses. Concedemos nosso poder a esses símbolos, levamo-nos ao âmbito dos deuses e sacrificamos nossas vidas em nome desses deuses.

O sacrifício humano acontece o tempo todo, pelo mundo inteiro, e podemos ver o resultado: vemos a violência, o crime, cadeias superlotadas, guerras, o sonho do inferno na humanidade, porque acreditamos em muitas superstições e distorções em nosso conhecimento. Os seres humanos criam guerras e vemos nossos jovens serem sacrificados nessas guerras. Muitas vezes eles nem sabem por que causa estão lutando.

Vemos uma guerra de gangues em uma cidade grande. Jovens se sacrificam e matam uns aos outros em nome do orgulho, do lucro, em nome de seja lá qual deus em que eles acreditem. Eles brigam pelo seu orgulho, pelo controle de um

122 ❦ *O quinto compromisso*

pedaço de terra, por um símbolo que está na cabeça deles e em seus casacos, e se sacrificam por isso. Do menor dos *barrios* até os países mais importantes do planeta, vemos grupos de pessoas lutando e defendendo seus deuses por algo que não existe. A guerra está irrompendo dentro da cabeça deles, mas o problema é que eles a mandam para fora de si mesmos e matam uns aos outros.

Talvez nós não acreditemos mais em sacrifícios humanos, mas neste exato momento existem pessoas dizendo "sou eu quem vai sacrificar os outros. Arranje-me uma arma e vou matar o máximo de pessoas antes que me matem." E isso não é um julgamento — é assim que as coisas são. Não vou dizer que o sacrifício humano seja um erro. Ele simplesmente existe, e não podemos negar isso, porque nós o vemos todos os dias em várias culturas diferentes ao redor do mundo. Nós o vemos e também participamos dele. Se alguém comete um erro e é pego infringindo uma lei, o que fazemos? Vamos crucificá-lo, julgá-lo, falar mal dele. Essa é outra forma de sacrifício humano. Sim, as regras existem, e talvez seja o maior dos pecados ir contra elas; talvez algumas delas sejam totalmente antinaturais. Mas nós as criamos, concordamos em viver de acordo com elas e vamos segui-las até que não precisemos mais delas e, no momento atual, ainda precisamos.

Os seres humanos acreditam em tantas mentiras que até a menor das coisas se torna um grande demônio que nos faz sofrer. Muitas vezes é só um julgamento, e principalmente um autojulgamento: "Coitadinho de mim, olha o que aconteceu comigo quando eu tinha 9 anos de idade. Olha o que aconteceu comigo ontem à noite!" Bem, seja lá o que tenha acontecido no seu passado, não é mais verdade. Pode ter sido a coisa mais escabrosa do mundo, mas nesse exato momento não é mais verdade, porque este exato instante é a única verdade em que você vive. O que quer que tenha acontecido no seu passado pertence à realidade virtual, e o que quer que tenha acontecido ao seu corpo já foi curado há muito tempo, mas a mente pode fazer você sofrer e viver envergonhado por muitos anos.

Os seres humanos carregam o próprio passado junto de si, e é como se estivessem carregando um cadáver bem pesado. Para alguns não é tão pesado assim, mas para a maioria das pessoas, é. E não é só pesado — ele fede bastante. O que muitos de nós fazemos é manter o cadáver para dividi-lo com quem amamos. Com a poderosa memória que temos, nós o trazemos à vida no momento presente e revivemos nossas experiências mais uma, duas, três vezes. Toda vez que nos lembramos dessas experiências, nós punimos a nós e a todas as outras pessoas de novo, de novo e de novo.

Os seres humanos são os únicos animais na face da Terra que se punem, assim como a outras pessoas, mil vezes ou mais pelo mesmo erro. Como podemos falar de injustiça no restante do mundo, se não há justiça no mundo dentro de nossa cabeça? Todo o universo é regido pela justiça, mas pela verdadeira, e não pela distorção de justiça que nós, os artistas, criamos. A verdadeira justiça é se confrontar com o que eu chamo de *ação--reação*. Vivemos em um mundo de consequências; para cada ação, há uma reação. Verdadeira justiça é pagar uma vez para cada erro que cometemos. Mas quantas vezes nós pagamos pelo mesmo erro? Obviamente, isso não é justiça.

Digamos que você se sinta culpado e envergonhado por um erro que cometeu há dez anos. A desculpa para o seu sofrimento é "cometi um erro terrível", e você acha que ainda sofre pelo que aconteceu há dez anos, mas na verdade é por algo que aconteceu há dez segundos. Você acabou de se julgar de novo pelo mesmo erro e é óbvio que o grande juiz vai dizer: "Você precisa ser punido." É uma ação-reação simples. A *ação* é o autojulgamento; a *reação* é a autopunição na forma de culpa e de vergonha. Toda a sua vida você repetiu a mesma ação, esperando ter uma reação diferente, e isso nunca aconteceu. A única maneira de mudar sua vida é modificar as ações e então as reações também mudarão.

Dá para ver como você, o conhecimento, está ferindo você, o ser humano? Você está pensando e julgando com todos aqueles símbolos que aprendeu. Está criando uma história que está abusando do ser humano. Sempre que o ser humano é violentado, a reação normal é ter raiva, ódio, inveja, ou qualquer das outras emoções, que nos fazem sofrer. Nosso sistema nervoso é uma fábrica de emoções e as emoções que experimentamos dependem daquilo que nós percebemos. Bem, nós percebemos os nossos julgamentos, nosso sistema de crenças, a própria voz do conhecimento. E com o juiz, a vítima e o sistema de crenças regendo nosso mundo virtual, as emoções que geramos são medo, raiva, inveja, culpa e vergonha. O que mais poderia se esperar que criássemos? Amor? É lógico que não, embora às vezes isso aconteça.

A palavra é uma força que você não pode ver, mas pode enxergar a manifestação dessa força, que é sua própria vida. A maneira de se medir a impecabilidade da palavra é pela sua reação emocional. Você está feliz ou sofrendo? Se você está curtindo ou sofrendo com o seu sonho é porque o está criando dessa maneira. Sim, seus pais, sua religião, as escolas, o governo, toda a sociedade o ajudaram a criar o seu sonho e é verdade que você nunca teve escolha. Mas agora você tem uma opção; pode criar o paraíso ou o inferno. Lembre-se de que os dois são estados de espírito que existem dentro de você.

Você gosta de estar feliz? Então seja, e curta sua felicidade. Você gosta de sofrer? Ótimo; então por que não curtir o sofrimento? Se você optar por criar um inferno, bom para você. Chore, sofra, faça uma obra de arte com sua dor. Mas tendo consciência, não tem como se optar pelo inferno; você vai escolher o paraíso. E a maneira de escolher o paraíso é ser impecável com sua palavra.

Se você for impecável com sua palavra, como poderá se julgar? Como poderá se culpar? Como vai carregar a vergonha ou a culpa? Quando você não está criando todas essas emoções, sente-se ótimo! Agora você sorri de novo e é completamente autêntico. Você não precisa fingir ser de certa maneira; não tenta ser aquilo que não é. Seja lá o que você for, é o que você será naquele momento, quando você se aceita exatamente do jeito que é. Você gosta de si mesmo, de estar consigo; não abusa mais de si mesmo usando os símbolos contra você.

É por isso que eu tenho que reiterar o quanto é importante ter consciência. A tirania dos símbolos é extremamente poderosa. No sonho da segunda atenção, o guerreiro tenta descobrir como os símbolos ganharam poder sobre o ser humano. Toda a luta do guerreiro é contra os símbolos, contra a nossa criação, e não é porque nós os odiamos. Os símbolos são uma criação magistral; são a nossa arte, e para nós é conveniente usar todos esses símbolos para nos comunicar. Mas quando entregamos todo o nosso poder a eles, ficamos sem poder e precisamos ser salvos. Precisamos de um salvador porque não temos o poder para fazer isso sozinhos.

Então olhamos para fora de nós mesmos e dizemos: "Oh, Deus, por favor, me salve." Mas nossa salvação não depende de Deus, Jesus, Buda, Moisés ou Maomé, nem de qualquer mestre, xamã ou guru. Não podemos culpá-los se eles não nos salvam. Ninguém pode fazer isso, porque ninguém é responsável pelo que quer que aconteça em nosso mundo virtual. O padre, o ministro, o rabino, o xamã ou o guru não podem alterar nosso mundo; nosso marido, mulher, filhos ou amigos também não podem. Ninguém pode, porque esse mundo só existe na nossa cabeça.

Muita gente diz que Jesus morreu por nós, para nos salvar de nossos pecados. Bem, essa é uma belíssima história, mas não é Jesus que faz as escolhas em nossas vidas. Em vez de nos salvar, ele nos disse o que fazer. Está precisando de ajuda? Muito bem, você precisa seguir a verdade, precisa perdoar. Amar ao próximo. Ele nos deu todas as ferramentas, mas dissemos: "Não, não posso perdoar. Prefiro viver com meu veneno emocional, com meu orgulho, com minha raiva e minha inveja." Se estamos brigando com as pessoas que amamos, se estamos criando muita resistência à nossa volta, lembre-se de que vivemos em um mundo de consequências. Antes, temos de abandonar tudo isso, temos de perdoar, porque essa é a única maneira de libertar nosso corpo emocional do veneno emocional.

Todos nós temos veneno emocional por termos feridas emocionais. Isso acontece. Da mesma maneira que é normal o nosso corpo sentir dor quando nos cortamos, ou quando caímos e fraturamos um osso, também é normal para o corpo emocional sentir dor porque estamos vivos, porque estamos cercados de predadores e porque também somos predadores. Mas não há qualquer culpado; as coisas simplesmente são como são. Se culparmos alguém, será nosso veneno emocional nos induzindo a fazer isso. Em vez de culpar, temos de assumir a responsabilidade pela nossa cura.

128 ☙ *O quinto compromisso*

Se você está esperando alguém que apareça e salve você, lamento, mas você é que vai ter de se salvar. Você é o seu próprio salvador, mas há professores que podem lhe dar as ferramentas para recuperar a consciência e ganhar sua guerra pessoal. Há artistas que podem lhe mostrar como criar um paraíso maravilhoso com a sua arte.

Digamos que você seja um bom artista, mas então um mestre aparece e diz: "Eu gosto de você, quero que seja meu aprendiz. Vem que eu vou lhe ensinar. A primeira e mais importante ferramenta para se tornar um artista magistral é *ser impecável com sua palavra*. É uma coisa muito simples. Você escreve sua história e não quer escrevê-la contra si próprio. Segundo, *não leve nada para o lado pessoal*. Isso vai lhe ajudar bastante. A maior parte do drama desaparece se você simplesmente concordar com isso. Terceiro, *não tire conclusões*. Não crie seu inferno particular; pare de acreditar em superstições e mentiras. E quarto, *sempre dê o melhor de si*. Parta para a ação. A prática faz o mestre. É muito simples."

Então chega o momento em que você começa a ver toda a criação sob outro ponto de vista. Você começa a perceber que é o criador artístico de sua vida. É você quem cria a tela, a tinta, o pincel e a arte; quem dá sentido a cada pincelada na tela de sua vida; quem investe sua fé inteira em sua arte. E você diz: "A história que estou criando é linda, mas não acredito mais nela. Não acredito mais na minha história, nem na de mais ninguém. Posso ver que é apenas arte." Ótimo. Esse é o quinto

O sonho da segunda atenção 〜 *129*

compromisso. Volte para o senso comum, à verdade, ao *real* você. *Seja cético, mas aprenda a escutar.*

No sonho da segunda atenção, você precisa de ferramentas para ganhar a guerra e mudar o seu mundo, e é sobre isso que são esses acordos. Essas são as ferramentas para transformar e dominar o seu sonho, e o que você vai fazer com elas fica por sua conta. Esses cinco compromissos bastante simples têm o poder de plantar a semente da dúvida em todos esses compromissos limitantes e baseados no medo em torno dos quais você decidiu construir a sua vida inteira. A única chance que você tem de desaprender as mentiras de seu conhecimento é por meio do uso da atenção. Você usa a atenção para juntar as peças do seu primeiro sonho e para desaprender esse sonho.

Os Quatro Compromissos são as ferramentas para utilizar sua atenção pela segunda vez, a fim de criar o seu paraíso pessoal, e o quinto compromisso é a ferramenta para ganhar a guerra contra a tirania dos símbolos. Os Quatro Compromissos são ferramentas para a sua transformação pessoal e o quinto compromisso é o fim desta e o início de dar a si mesmo a maior dádiva possível: a de *duvidar.*

Já dissemos que foi a dúvida que nos fez cair do Paraíso. Bem, voltar ao paraíso é novamente uma questão de duvidar. A dúvida é a ferramenta que nós usamos para recuperar nossa fé, para recuperar nosso poder de todas as mentiras e superstições em que acreditamos, trazendo esse poder de volta para nós. É lógico que também podemos usar a dúvida contra nós mesmos duvidando de nós, da verdade. Na história de Adão e Eva, quando duvidamos de que somos Deus, essa dúvida abre a porta para outra, e mais outra e mais outra. Quando duvidamos da verdade, começamos a acreditar em mentiras. E logo estamos acreditando em tantas mentiras que não conseguimos mais ver a verdade, e caímos do sonho do paraíso.

A dúvida é a grande criação que fizemos para entrar no inferno ou sair dele. De um modo ou de outro, a dúvida abre a porta para ser possuída pelos símbolos ou fecha a porta para interromper a possessão. Se duvidarmos de nós mesmos, da verdade, toda a Árvore do Conhecimento — toda a mitologia que controlava nossa atenção, ao longo de nossa vida inteira — começa a voltar para nós. A voz do conhecimento começa a nos possuir outra vez, e começamos a sentir a raiva, a inveja e a injustiça que vêm com todos os símbolos, com todas as pressuposições e com todo esse *pensamento*.

Então, em vez de duvidar de si mesmo, tenha fé em você. Em vez de duvidar da verdade, duvide das mentiras. *Seja cético, mas aprenda a escutar.* O quinto compromisso abre a porta para o paraíso e o resto é com você. Esse compromisso diz respeito a estar no paraíso e ao paraíso estar em você; tem a ver com liberar sua ligação com os símbolos, até mesmo com seu nome, e se misturar ao infinito — se tornar autêntico, acreditar em si mesmo sem qualquer dúvida, porque até uma pequena dúvida pode acabar com a experiência do paraíso.

Quando você tem fé em si mesmo, segue todos os instintos com os quais nasceu. Você não duvida do que você é e volta ao senso comum. Você tem todo o poder de sua autenticidade; você confia em si mesmo, confia na *vida*. Confia que tudo vai terminar bem e a vida se torna extremamente fácil. A mente não precisa mais entender tudo; ela não precisa *saber*. Ou você sabe alguma coisa, ou não sabe, mas você não tem dúvida alguma quanto a isso. Se não sabe, aceita o fato de que não sabe mesmo, não vai inventar. Quando se é completamente autêntico, você fala a verdade para si mesmo, sem qualquer dúvida: "Eu gosto; eu não gosto. Eu quero; eu não quero." Você não precisa fazer o que não gostaria. Você curte a vida fazendo exatamente aquilo de que gosta.

Nós dificultamos muito a vida quando tentamos nos sacrificar por outra pessoa. É óbvio que você não está aqui para se sacrificar por alguém. Você não está aqui para satisfazer às opiniões ou aos pontos de vista dos outros. No *sonho da segunda atenção*, um dos primeiros desafios é o medo de ser você mesmo — o seu eu *real*. Se tiver a coragem de enfrentar esse desafio, descobrirá que todas as razões pelas quais você tinha medo sequer existem. Então você descobre que é muito mais fácil ser você mesmo do que tentar ser o que não é. Todo o sonho do inferno deixa você cansado porque é preciso muita energia para viver à altura de uma imagem, para vestir uma máscara social. Você está cansado de fingir, está cansado de não ser *você*. Ser apenas autêntico é a melhor coisa que se pode fazer. Quando você é autêntico, pode fazer o que quiser, consegue acreditar no que quiser, e isso inclui acreditar em si mesmo.

Qual é a dificuldade de ter fé em si mesmo, de acreditar em *você* em vez de nos símbolos? Você pode pôr sua fé em teorias da ciência, em várias religiões, opiniões e vários pontos de vista, mas essa não é uma fé *real*. A fé em si próprio é a verdadeira fé: acreditar em si mesmo incondicionalmente, porque você sabe o que realmente é, ou seja, a verdade.

Uma vez que você recupera a consciência do que você é, a guerra em sua cabeça termina. É óbvio que você é quem cria todos os símbolos. E como é óbvio de onde vem o poder de sua palavra, a sua palavra tem poder, e nada pode interromper isso. Sua palavra se torna impecável e é impecável porque você tem poder sobre os símbolos, e não o contrário. Uma vez que sua palavra seja impecável, você baseia todas as escolhas de sua vida na verdade e ganha a guerra contra o tirano. As palavras estão lá, prontas para serem usadas ao seu comando, mas elas só têm significado se você as usa para se comunicar, para ter uma ligação direta com alguém. Depois que você para de usá--las, mais uma vez elas deixam de ter significado.

Ao fim do sonho da segunda atenção, a forma humana começa a se quebrar, e a sua realidade muda outra vez. Ela muda porque você não percebe mais o mundo através de uma rígida estrutura de crenças. A guerra acabou porque a sua fé não foi investida em mentiras. Embora ainda existam, você não *acredita* mais nelas. Como você sabe, a verdade simplesmente existe; você não precisa acreditar nela, não tem de acreditar em mais nada, mas você pode ver e o que você pode ver é a verdade, que está bem à sua frente; ela é única e perfeita. Talvez não da maneira como você a interpreta, talvez não da maneira como você utiliza a palavra para falar mal de si mesmo ou das outras pessoas, mas, uma vez que você vê a verdade, quem se importa com o que as outras pessoas estão sonhando? Isso não é importante. O importante é a sua própria experiência — usar todas as ferramentas que você tem para confrontar o que você acredita, para ver a verdade, para ganhar sua guerra pessoal.

Você não precisa competir nem se comparar com alguém. Só precisa ser quem você é, ser amor, mas amor *verdadeiro*, não daquele tipo que lhe possui e quer que você acredite no amor. Não daquele que faz você ficar com ciúmes e se sentir possuidor dos outros e que lhe joga direto no inferno com todas as torturas e punições deste lugar. Não o amor que faz você se sacrificar em nome dele, ou faz você ferir a si ou aos outros em nome do amor. O símbolo do amor ficou muito distorcido. O verdadeiro amor foi aquele com o qual você nasceu. O verdadeiro amor é o que você é.

Você nasceu com tudo o que precisa para dar certo. Se encarar os seus medos hoje, amanhã você verá o sonho da segunda

134 ❦ *O quinto compromisso*

atenção, o mundo dos guerreiros. Mas só porque você venceu o medo hoje não significa que você já ganhou a guerra. Não, a guerra ainda não terminou, mas está apenas começando. Você ainda está julgando, ainda tem uma série de questões a tratar. Você pensa que já acabou e... bum! Seu tirano está de volta. Ah, sim, de novo, de novo e de novo. E não é só o tirano que existe dentro de você, mas também o de todo mundo que está à sua volta, e alguns são piores que os outros. Mas mesmo que você tenha estado em guerra por muitos anos, pelo menos pode se defender. Como guerreiro, você pode ganhar ou perder a guerra, mas uma vez que se tem consciência, você deixa de ser uma vítima; está em guerra, e é aí que a maioria das pessoas se encontra agora, até a guerra acabar.

No sonho da segunda atenção, você começa a criar o seu paraíso pessoal na Terra. Começa a colocar sua fé em compromissos que apoiem a *vida*, que aumentem sua alegria, sua felicidade e sua liberdade. Mas esse é apenas um degrau da evolução. Ainda tem muito mais do que isso. Vai chegar o momento em que você dominará a consciência, o que quer dizer que você dominará a verdade. E, a propósito, você também vai dominar a transformação, além do amor, da intenção e da fé, porque, a essa altura, acreditará em si mesmo.

O resultado dessa transformação é a criação de outra realidade que tem a mesma moldura dos dois primeiros sonhos, mas nessa realidade você não acredita mais no que costumava acreditar. Não acredita mais nas mentiras que aprendeu e sequer nas palavras que aprendeu. Você não duvida mais de sua experiência ou daquilo que você é.

O próximo sonho, o sonho da terceira atenção, não está muito longe. Mas primeiro você tem de ganhar a guerra em sua cabeça, e agora dispõe das ferramentas para isso. Então por que não começar? Parta para a ação, não *tente* mais. Se você ficar tentando, vai morrer tentando, e posso lhe garantir que milhões de guerreiros morreram assim. Existem muito poucos guerreiros que chegam a vencer a guerra que acontece na mente humana, mas aqueles que vencem usando a atenção pela segunda vez recriam todo o seu mundo.

11

O sonho da terceira atenção

Os mestres

O sonho da segunda atenção termina quando algo muito importante acontece em nossa vida, uma coisa chamada de *o julgamento final.* Essa é a última vez que nós julgamos a nós mesmos ou a qualquer outra pessoa. É o dia em que nos aceitamos do jeito que somos e aceitamos os outros como eles são. Quando chega o dia do nosso julgamento final, a guerra em nossa cabeça acabou, e o *sonho da terceira atenção* começa. E esse será o fim de nosso mundo, mas também o começo dele, porque não estamos mais no sonho dos guerreiros. Estamos no mundo superior, ou o que chamo de *o sonho dos mestres.*

Os mestres são antigos guerreiros; venceram a guerra pessoal deles e estão em paz. *O sonho dos mestres* é de verdade, um sonho de respeito, um sonho cheio de amor e de alegria. É um playground da vida; é o que nós devemos viver, e só a consciência pode nos levar a um lugar como esse.

Muitas religiões falam do julgamento — ou juízo — final como se ele fosse uma punição para todos os pecadores. Elas o descrevem como o dia em que Deus chegará e nos julgará, destruindo todos os pecadores. Isso não é verdade. O julgamento final é uma carta do tarô, que é uma antiga mitologia egípcia. Quando as escolas esotéricas falam do julgamento final, significa que nós mal poderemos esperar por esse dia, porque nele os mortos sairão das covas, o que quer dizer que nós ressuscitaremos. É o dia em que recuperaremos a consciência e acordaremos do sonho do mundo inferior. É o dia em que não teremos mais medo de estarmos vivos. É aí que nós voltamos ao nosso verdadeiro estado, ao nosso eu divino, onde sentimos uma comunhão de amor com tudo o que existe.

A ressurreição é um conceito magnífico das escolas esotéricas do mundo inteiro. Uma vez que você tem a consciência de que quase tudo o que aprendeu por meio dos símbolos não é verdade, a única coisa que resta é curtir a vida, e isso é a ressurreição. Quando você dá um sentido a tudo por meio de símbolos, sua atenção é dispersada por muitas coisas ao mesmo tempo. Quando você tira o significado de todas as coisas, fica em comunhão e se torna todo seu outra vez. Você torna-se o único ser vivo que existe. Não há diferença entre você e qualquer estrela do céu, ou entre você e qualquer pedra no deserto. Tudo o que existe no mundo é parte do único ser vivo que existe. Quando você experimenta essa verdade, mesmo que por apenas um momento, toda a estrutura de seu sistema de crenças desaparece e você passa a estar naquele maravilhoso sonho do paraíso.

Hoje pode ser um dia igual a qualquer outro ou um dia de celebração, o dia de sua ressurreição, o dia em que você muda o seu mundo ao voltar para a vida. Pode ser o dia em que o verdadeiro você sai da cova de acreditar que você é o que *pensa* ser e passa a ser quem você *realmente* é.

No sonho da terceira atenção, você finalmente tem a consciência de saber o que é, mas sem o uso de palavras. E como não há palavras para explicar o que é, você retorna à paz, ao lugar onde não precisa de palavras para saber o que é. Isso é o que os mestres das filosofias esotéricas revelam aos seus aprendizes. O ponto mais alto que se pode alcançar é quando você vai além dos símbolos e se torna uno com a vida e com Deus.

As antigas religiões defendem que ninguém pode dizer o nome de Deus, o que está absolutamente certo, porque não há um símbolo para descrever Deus. A única maneira de conhecê-lo é sendo o próprio. Quando você se torna Deus, diz: "Ah, é por isso que eu não conseguia aprender o símbolo." A verdade é que não sabemos o nome daquele que nos criou. A palavra *Deus* é apenas um símbolo que representa o que *realmente* existe, e evito usar essa palavra porque é um símbolo que tem sido muito distorcido. Se utilizarmos símbolos para descrever Deus, precisaremos concordar quanto ao significado desses símbolos, e aí que ponto de vista adotaremos? Existem bilhões

140   *O quinto compromisso*

de pontos de vista diferentes. Como artista, dou o melhor de mim para pintar Deus com palavras, e é a única coisa que eu posso oferecer — uma imagem de Deus a partir do meu ponto de vista. Qualquer coisa que eu diga, evidentemente, será só uma história, que só é verdadeira para mim. E talvez isso faça sentido para você ou não, mas pelo menos você terá uma ideia do meu ponto de vista pessoal.

O sonho dos mestres é um pouco difícil de explicar porque o verdadeiro ensinamento não se dá com palavras, mas sim com a presença. Se você pudesse sentir a presença de um mestre, aprenderia muito mais do que seria possível com palavras. Estas não podem expressar nem mesmo um pedacinho da experiência, mas, se você usar a imaginação, as palavras podem levá-lo a um lugar onde você possa ter a própria experiência. E essa é a minha intenção agora — para que você amplie sua consciência a tal ponto que possa *perceber* quem você realmente é, onde você possa *sentir* o que realmente é.

Em vez de usar palavras, talvez uma maneira melhor seja colocar você frente a frente com Deus, de modo que possa vê-lo. E se você ficar frente a frente com Ele, verá a você mesmo. Acredite ou não, mas você verá a si mesmo porque você é a manifestação de Deus. E se você pudesse enxergar o que está *movendo* o seu corpo, então estaria vendo o *verdadeiro* Deus. Olhe para a sua mão. Movimente os dedos. A força que os move é aquilo que os toltecas chamam de *intenção* e o que eu chamo de *vida*, *infinito* ou *Deus*.

A intenção é o único ser vivo que existe e a força que move tudo. Você não é os seus dedos. Você é a força que os move. Os dedos lhe obedecem. Você pode dar a explicação que quiser: "Isso é o meu cérebro, os meus nervos..." Mas se for em busca da verdade, saberá que a força que move os seus dedos é a mesma que faz você sonhar; que faz uma flor desabrochar; que move o vento ou cria um tornado; que faz as estrelas se movimentarem através do universo; ou faz os elétrons se moverem ao redor dos átomos. Só existe um ser vivo e *você* é este ser. Você é a força que se manifesta de infinitas maneiras ao longo de todos os universos.

A primeira manifestação dessa força é a luz, ou a energia (que são a mesma coisa), e tudo é criado por intermédio dessa energia. Os cientistas sabem que tudo é feito de energia e como existe apenas uma força no universo que a cria. Nesse ponto a ciência e a religião se unem, e conseguimos entender que somos Deus porque somos luz. Isso é o que somos; isso é o que tudo é, em bilhões e bilhões de frequências ou manifestações diferentes de luz. E, juntas, todas essas diferentes frequências criam uma única luz.

A intenção é a força que gera a luz, e podemos dizer que a luz é a mensageira da intenção, porque ela carrega a mensagem da vida por toda a parte. A luz tem todas as informações para criar tudo o que existe, inclusive qualquer tipo de vida — pessoas, macacos, cachorros, árvores —, qualquer coisa. Todas as espécies de vida no planeta Terra são criadas a partir de um raio ou frequência de luz específicos que os cientistas chamam

142 ❧ *O quinto compromisso*

de DNA. E a diferença entre os DNAs em si pode ser mínima, mas em sua manifestação essa pode ser a diferença entre um ser humano e um macaco, um ser humano e um jaguar ou um ser humano e uma árvore.

A luz tem muitas propriedades. Ela é viva. É um ser vivo, e é extremamente inteligente. Está sempre criando, transformando tudo o tempo todo, e não pode ser destruída. A luz está em toda a parte e tudo está cheio de luz, mas nós não podemos vê-la, a não ser que ela seja refletida pela matéria. Se mandarmos um objeto para o espaço a partir do planeta Terra, podemos ver esse objeto porque ele está refletindo a luz. Não há espaços vazios entre as estrelas, entre as galáxias e entre todos os universos, o que significa que todos os universos estão conectados.

Você é um universo inteiro. A Terra é outro universo. O sol e os planetas que orbitam em volta dele são outro universo. Todos os sistemas solares juntos criam outro universo, e podemos seguir desse jeito em diante até vermos apenas um ser vivo composto de bilhões e bilhões de diferentes seres vivos.

Todo ser vivo é protegido pela força que chamamos de *alma*. A alma é a força que junta um universo inteiro e reconhece a totalidade desse ser. A alma torna a matéria impenetrável, ou seja, ela cria o que parece ser uma divisão entre os seres. A alma dá forma a tudo; sem esta força, não haveria diferença entre você e uma flor, um peixe ou um passarinho. Sua alma nasceu no momento de sua concepção e ela reconhece todos os elementos de si mesma — cada molécula, cada célula, cada órgão do ser humano. Sua alma reconhece tudo o que pertence ao seu universo e rejeita tudo aquilo que não pertence.

O sonho da terceira atenção ✍ 143

No sonho da terceira atenção, você está ciente de que o seu corpo é um universo completo composto por bilhões de seres vivos — feitos de átomos, moléculas, células, tecidos, órgãos e sistemas, até o universo se tornar um. E do ponto de vista da mente, parece que só existe um ponto de vista — aquele que está por trás de seus olhos. Mas se você se aprofundar na consciência, verá que cada átomo de seu corpo tem um ponto de vista pessoal porque cada átomo é vivo. Cada átomo é um universo inteiro; ele não é diferente de um sistema solar em miniatura com planetas e estrelas. O que todos os universos têm em comum é que cada um está vivo por causa da força total do infinito.

Você, esta força, está vivo; você é o poder total. Você é a verdade; você é real. Tudo o mais, inclusive tudo o que você sabe por meio dos símbolos, não é verdade. Não é real. É uma ilusão, e ela é bonita. A luz não é apenas inteligente; ela tem memória. Ela cria uma imagem de si mesma; ela cria todo um mundo de ilusão, que passa a ser a sua mente, a maneira como você sonha. Seus sonhos não são matéria, mas um reflexo dela, e esse reflexo existe na matéria que chamamos de *cérebro*. O cérebro não passa de um espelho. E como dissemos antes, se você se olhar num espelho, estará encarando a própria mente, o próprio sonho.

Na primeira vez que você abre os olhos, começa a perceber a luz, que passa a ser a sua professora. A luz projeta informações em seus olhos que você não entende, mas você foi feito para perceber a luz e para se unir a ela, porque a luz é sua outra metade. E como você é luz, está sempre criando, transformando e evoluindo. A luz vai direto ao seu cérebro e o rearruma de modo a modificar você, que é uma realidade virtual, e fazer de você um reflexo melhor dela mesma. Quando a luz está modificando o seu cérebro, ele próprio está modificando a fábrica de Deus, o DNA, para o próximo possível ser humano que possa surgir de você.

E assim como o seu corpo dispõe de muitos órgãos diferentes — cérebro, coração, pulmões, fígado, estômago, pele — que juntos criam *você*, uma totalidade, cada órgão de seu corpo é composto por diferentes tipos de célula que formam este órgão. Será que as células sabem que todas elas juntas integram apenas um ser vivo, que vem a ser *você*? Será que nós, seres humanos, sabemos que todos formamos apenas um ser vivo, que é a *humanidade*?

Você está cercado por bilhões de seres humanos. Assim como você, eles foram programados para serem humanos. Homens ou mulheres, você os reconhece; sabe que são como você. Você *sabe* disso. Mas o que você talvez não saiba é que nós somos um órgão do lindo planeta Terra. O planeta Terra está vivo. É um ser vivo, e a humanidade inteira trabalha para o planeta como sendo um órgão deste ser vivo. As florestas são outro órgão, a atmosfera, outro órgão — cada espécie é um —, e todos nós trabalhamos juntos para criar um equilíbrio, que é o metabolismo do planeta Terra.

Toda a humanidade é apenas um ser vivo, e isso não é apenas mais uma teoria. Nós, seres humanos, moramos juntos.

O sonho da terceira atenção 145

Temos o mesmo tipo de corpo, de mente; temos as mesmas necessidades. Criamos todos esses símbolos para nos entender. Homens ou mulheres, vítimas, guerreiros ou mestres, somos todos iguais. Nenhum ser humano é melhor ou pior que outro. Nenhum ser humano é melhor ou pior que qualquer coisa que exista ao redor do universo. Em nível mais profundo de nosso ser, não há diferença entre um ser humano e um cachorro, uma mosca ou uma flor. Nós somos iguais, viemos do mesmo lugar, e não importa de onde vem a nossa história. Não faz diferença se somos cristãos, budistas, muçulmanos ou hindus. Nós viemos do mesmo lugar e é para lá que vamos voltar.

O infinito cria tudo o que existe, e, quando o ciclo termina, tudo retorna ao infinito. É óbvio que o corpo morre, já que ele é mortal, mas *você*, a força, é imortal. Nesta força em que a mente vive, a única coisa que morre são as mentiras. No Egito antigo, dizia-se: se o seu coração for mais leve que uma pluma quando você morrer, então seja bem-vindo ao paraíso; se o seu coração for mais pesado que uma pluma, então você não pode ir para o paraíso. As mentiras não podem voltar a ter poder, mas a verdade retorna ao poder, porque ela é um reflexo do poder, do infinito. A pergunta passa a ser: qual é o peso de suas mentiras? O seu coração está sobrecarregado de raiva, de medo, de culpa, de remorso?

No sonho da terceira atenção, a verdade já destruiu todas as mentiras, e a única coisa que sobrevive é a verdade, o que significa o verdadeiro você. Você é a força. Você é a vida, que é a verdade, e a partir deste ponto, o seu sonho se transforma

146 ❧ *O quinto compromisso*

em paraíso. Seu sonho vira uma bela obra de arte, uma bela obra de amor. Isso leva ao terceiro domínio dos toltecas, que é o *domínio do amor*, ou o que também chamamos de *domínio da intenção*, ou da *fé*. Prefiro chamar de *domínio da fé*, porque é nele que você confia em si mesmo, o que significa perceber o poder que você tem: os poderes da intenção, da vida, de acreditar, da fé, do amor. Obviamente, todos eles são o mesmo poder. São o *poder total*.

No momento em que você domina a fé, vive sua vida com amor, porque você é o amor, e isso é maravilhoso. Nesse momento, você aceita completamente o seu corpo, suas emoções, sua vida, sua história. Você se respeita, respeita todos os artistas, todos os seus irmãos e irmãs, respeita toda a criação. Você se ama incondicionalmente e não tem medo de expressar esse amor e dizer "eu te amo" para os outros. Quando domina a fé, quando vive sua vida com amor, passa a ver o seu amor refletido em cada personagem coadjuvante de sua história, amando-os incondicionalmente, da mesma maneira que ama a si mesmo.

Isso muda sua relação com o resto dos seres humanos. Faz com que seja totalmente impessoal. Você não precisa de motivos para amar ou não amar alguém; você sequer faz a *opção* de amar porque o amor é a sua natureza. O amor emana de você como a luz emana do sol. Sua natureza inteira está emanando, do jeito que é, sem expectativas. E seu amor não tem nada a ver com as palavras em sua cabeça. Não existem histórias. Trata-se de uma experiência que chamamos de *comunhão*, o que significa ter a mesma frequência, a mesma vibração do amor. Era assim que você costumava ser antes de aprender a falar, porque você evoluiu das profundezas do inferno do sonho da primeira atenção em direção a um sonho melhor, o sonho da segunda atenção, até sonhar o sonho da terceira atenção, que é quando você sabe que tudo aquilo que está vendo e sonhando é uma realidade virtual feita de luz.

Por milhares de anos, as pessoas souberam que existem três mundos dentro de todos os seres humanos. Em quase todas as filosofias e mitologias, encontramos gente que dividiu tudo em três mundos, mas chamaram-nos de nomes diferentes, utilizando símbolos diferentes para descrevê-los. Como nós vimos na tradição dos artistas, ou seja, dos toltecas, esses três mundos são conhecidos como *o sonho da primeira atenção, o sonho da segunda atenção* e *o sonho da terceira atenção*. Na Grécia e no Egito, eram conhecidos como *o mundo inferior*, o *mundo* e *o mundo superior*. Na tradição cristã são chamados de *inferno, purgatório* e *paraíso*.

O conceito de mundo que temos hoje é, de muitas maneiras, diferente daquele que as pessoas concebiam há milhares de anos. Para elas, o mundo não era o planeta; o mundo era tudo aquilo que podemos perceber, tudo o que nós conhecemos. É por isso que se dizia que cada cabeça era um mundo, porque cada um de nós cria um mundo inteiro na própria cabeça, e nós vivemos nesse mundo. A maioria dos seres humanos vive no sonho da primeira atenção, o mundo inferior. Outra parte considerável da humanidade vive no sonho da segunda atenção, o mundo dos guerreiros, e é por

148 ✎ *O quinto compromisso*

causa dele que a humanidade está caminhando na direção certa, evoluindo do jeito que está.

Nós geralmente acreditamos que o mundo superior é repleto de bondade e que o mundo inferior é completamente marcado pelo medo e pela maldade, mas isso não é exatamente verdade. Os três mundos existem em cada ser humano. Nós trazemos o mundo inferior, assim como o mundo superior, dentro de nós. No mundo inferior existe um infinito inteiro, e no superior, também. Ambos se encontram no mundo, que é onde vivemos. O caminho para o mundo inferior se torna uma opção, assim como foi o caminho para o mundo superior.

No sonho dos mestres, temos consciência de que fazer uma escolha é dispor de um poder em nossas mãos. Controlamos todo o nosso sonho fazendo escolhas, sendo que cada uma delas tem suas consequências, e um mestre dos sonhos está ciente de quais são. Fazer uma escolha pode abrir muitas portas, assim como pode fechar muitas outras. Não fazer escolha alguma também é uma opção que nós podemos ter. Mas ao fazê-las, podemos dominar a arte dos sonhos e criar a vida mais bonita possível.

Qualquer um pode ser um grande artista dos sonhos, mas o domínio chega quando obtemos controle absoluto sobre o nosso sonho, o que equivale a dizer que nós recuperamos o controle de nossa atenção. Quando dominamos a atenção, nós de fato dominamos a intenção, o que significa termos controle absoluto sobre nossas escolhas. O sonho de nossa vida vai para onde quer que nós o levemos.

O sonho da terceira atenção ✎ 149

No sonho comum da maioria dos seres humanos, o sistema de crenças controla a atenção. E como o nosso poder pessoal, nosso arbítrio é fraco, qualquer um pode chamar nossa atenção e incutir uma opinião em nossa mente. O arbítrio, ou a intenção, é a força que pode mover o que existe, ou apenas mudar a direção; é o que segura e movimenta a atenção. Uma vez que tenhamos poder suficiente para usar o nosso arbítrio, ganharemos o controle da atenção. E então podemos finalmente adquirir o controle de nossas crenças e ganhar a guerra pelo controle de nosso sonho.

No sonho da terceira atenção, não estamos colocando nossa atenção sobre a vida. Nós *somos* a vida, *somos* a força, *somos* a intenção, e a intenção controla a atenção. O sonho da terceira atenção é o da pura intenção. Nós nos tornamos conscientes de que somos vida — não só como conceito, mas como ação, como consciência total. Agora podemos ver com os olhos da verdade, e esse é um ponto de vista completamente diferente.

Na primeira vez que você aprende a sonhar, seu sistema de crenças cria milhões de pequenas barreiras para a verdade. Quando a estrutura de seu sistema de crenças não existe mais, você retira as barreiras e não vê apenas um ponto de vista. Há muitos pontos de vista que você pode ver ao mesmo tempo. Você se vê não só do ponto de vista de um ser humano, mas do ponto de vista de uma força. Você se vê não só como uma força, mas como uma manifestação dela. Você sabe que é luz, que é apenas uma imagem na luz, e usa sua atenção para testemunhar o sonho do ponto de vista da luz. Você não enxerga

150 ❧ *O quinto compromisso*

mais aquilo que está externo a você como se fosse separado de si. Você sente seu eu inteiro em tudo o que existe. Você se sente como o único ser vivo que existe, e não é apenas uma questão de sentir isso; você *sabe.* Como dissemos antes, você compreende o que é, mas não em palavras. Não precisa de símbolos. Se usá-los para entender o que é, pode se perder neles enquanto tenta se entender.

Você se chama de *humano* e talvez se identifique com esse símbolo, mas na China você não é um humano; nos Estados Unidos, você não é um humano; na Alemanha, você não é um humano. *Humano* é só um símbolo, e qual o significado dele? Você poderia escrever um livro inteiro e usar milhares de símbolos para descrever o significado de *humano,* e mesmo assim algo ainda ficaria de fora, e isso é só um símbolo! Usar símbolos para compreender o que se é não faz o menor sentido. O que quer que você *pense* que é nunca será a verdade, porque os símbolos não são a verdade.

Se você disser para um gato, "ô, seu cachorro!", ele não vai dar a mínima, não responderá de volta. Se você disser a alguém "ô, seu cachorro!", ele com certeza retrucará "eu não sou cachorro". Algumas podem ficar ofendidas, outras podem rir; será trágico para algumas e cômico para outras, porque estamos lidando com diferentes pontos de vista. Os animais precisam conhecer o símbolo daquilo que eles são? Bem, eles não conhecem e não se importam. Eles simplesmente são e não precisam de símbolos para justificar sua existência.

O sonho da terceira atenção 〜 151

Se alguém me perguntar o que sou, posso responder: "Sou um ser humano; sou um homem; sou feito de energia; sou pai; sou médico." Posso me valer de símbolos para identificar e justificar quem eu sou, para tentar me entender. Mas os símbolos, na verdade, não significam nada. A verdade é que eu não sei quem sou. A única coisa que sei é que eu sou. Estou vivo e você pode me tocar. Estou sonhando e tenho consciência disso. Fora isso, nada mais é importante, porque tudo o mais é apenas uma história. Os símbolos nunca me dirão quem eu sou, ou de onde venho, e isso não é importante porque eu voltarei para lá de qualquer jeito. É por isso que um dos meus maiores heróis é o personagem de desenho animado Marinheiro Popeye, que diz "eu sou o que eu sou, e isso é tudo que sou". Isso é sabedoria. É a completa aceitação, que indica respeito total por aquilo que sou, pois sou a verdade. Talvez o que eu diga não seja verdade, mas eu *sou* a verdade, e o mesmo vale para você.

Você está vivo; você existe, isso é verdade, mas o que você é? A verdade é que você não sabe. Você só sabe o que acredita ser, sabe o que aprendeu que você é, o que disseram que você é, o que você finge ser, a maneira como deseja ser visto pelas outras pessoas, e, para você, isso pode ser verdade. Mas será que é *realmente* verdade que você é o que diz ser? Acho que não. O que quer que você diga sobre si mesmo é mera simbologia e é completamente distorcido pelas suas crenças.

Quando você finalmente se vê sem todo o conhecimento que acumulou, o resultado é: *eu sou*. Eu sou o que sou; você é aquilo que é, e a aceitação completa do que quer que você

152 ❦ O quinto compromisso

seja é o que faz a diferença. Uma vez que você se aceite completamente, estará pronto para aproveitar a vida. Não haverá mais julgamento, não existirá mais culpa, nem vergonha, nem remorsos.

Quando você deixa os símbolos de lado, o que resta é, pura e simplesmente, a verdade nua e crua. Você não precisa saber o que você é, e essa é uma grande revelação! Você não precisa fingir ser aquilo que não é. Pode ser totalmente autêntico. E, por causa disso, pode transmitir uma mensagem, é o verdadeiro você. A sua *presença* é a mensagem. É a mesma presença que você pode sentir quando o seu primeiro filho nasce e você finalmente o segura nas mãos. Você consegue sentir a presença do divino, sem entender nada, sem precisar de palavras.

Todo bebê recém-nascido tem a mesma presença. É Deus, o infinito, um anjo encarnado, e nós somos programados para reagir à presença de um bebê. A criança não precisa dizer uma palavra; a presença dele já diz tudo, já desperta a necessidade de dar, de proteger. Quando é o próprio bebê, esse instinto é ainda maior, e a presença é realmente incrível: desperta a sua generosidade, e você simplesmente começa a dar ao seu filho sem esperar nada de volta. Isso acontece até talvez um determinado momento, quando a criança tiver crescido, parecendo ter perdido essa presença.

Quando você nasceu, sua presença era suficiente para despertar um instinto nas pessoas à sua volta de lhe dar atenção, lhe proteger e tentar atender às suas necessidades. Você ainda tem essa presença, mas ela foi reprimida há muito tempo, está

O sonho da terceira atenção 153

esperando para sair. Para realmente sentir a própria presença, precisa estar totalmente consciente; precisa ver toda a sua criação de outro ponto de vista, de um lugar onde tudo seja simples. Quando você não está consciente, tudo parece totalmente ilógico, e o medo toma conta, criando o grande *mitote*.

O quinto compromisso é uma parte importante de recuperação do que você é, uma vez que ele usa o poder da dúvida para quebrar todos os feitiços sob os quais você tem estado. É uma intenção muito forte para usar sua magia a fim de recuperar a presença que perdeu há tanto tempo. Quando toda a sua atenção não está em sua história, você pode *ver* o que é real; pode *sentir* o que é real. Quando você não está possuído por uma simbologia, recupera a presença que tinha quando nasceu, e as emoções das pessoas à sua volta respondem à sua presença. Aí você dá aos outros a única coisa que realmente tem, que é a si próprio, a sua presença, e isso faz uma grande diferença. Mas isso só acontece quando você fica totalmente autêntico.

Apenas imagine voltar a ser do jeito que era quando tinha acabado de nascer, antes de entender o significado de qualquer símbolo, antes de o conhecimento tomar conta de sua mente. Quando recupera sua presença, você fica igual a uma flor, ao vento, ao oceano, ao sol, à luz. Você é como *você*. Não há nada para justificar; nada em que acreditar. Você está aqui apenas para ser, por nenhuma razão. Você não tem missão alguma além de aproveitar a vida e ser feliz. A única coisa que precisa é apenas ser o *verdadeiro* você. Ser autêntico. Ser a presença. Ser felicidade. Ser

154 ⟋ *O quinto compromisso*

amor. Ser alegria. Ser você mesmo. Essa é a questão principal. E isso é sabedoria.

Aqueles que ainda não são sábios procuram a perfeição; estão procurando por Deus; estão à procura do paraíso, tentando encontrá-lo. Bem, não há com o que se procurar. Ele já está aqui. Tudo está dentro de você. Você não precisa procurar o paraíso, você já o é. Não precisa procurar a felicidade; você é felicidade, onde quer que esteja. Você não precisa procurar a verdade por já sê-la. Você não tem de procurar a perfeição. Isso é uma ilusão. Não precisa buscar a si mesmo; você nunca se abandonou. Não precisa procurar por Deus; Ele nunca lhe abandonou, está sempre com você; você está sempre consigo mesmo. Se não consegue ver Deus por toda a parte é porque sua atenção está concentrada naqueles deuses em que você *realmente* acredita.

A presença do infinito está em todos os lugares, mas se você está nas trevas, não consegue ver o que existe. E isso por só conseguir ver o próprio conhecimento. Você guia a sua criação através desse sonho, e quando sua sabedoria não consegue explicar o que está acontecendo em sua vida, você se sente ameaçado. Você só sabe o que quer saber, e seja lá o que ameace o seu conhecimento faz com que você se sinta inseguro. Mas vai chegar o momento em que você perceberá que o conhecimento não passa da descrição de um sonho.

Você é incognoscível, e está aqui apenas para estar nesse momento, neste sonho. Existência não tem qualquer coisa a ver com conhecimento. Não se trata de compreender. Você

O sonho da terceira atenção ❧ 155

não precisa entender. Não tem a ver com aprender. Você está aqui para desaprender, só isso, até o dia que perceba que não sabe de nada. Você só sabe aquilo em que acredita, o que você aprendeu, só para descobrir que não era a verdade. Sócrates, um dos grandes filósofos de todos os tempos, demorou a vida inteira para chegar a ponto de dizer: "Quanto a mim, só sei que nada sei."

12

Tornando-se um visionário

Um novo ponto de vista

*H*á dois mil anos, um grande mestre disse: "E vocês saberão a verdade, e a verdade vos libertará." Muito bem, agora é sabido que a verdade é o que você é. O próximo passo é *enxergar* a verdade, para ver o que você é. Só então você estará livre. Livre de quê? De todas as distorções de seu conhecimento, livre de todo o drama emocional que é a consequência de se acreditar em mentiras. Quando a verdade lhe libertar, os símbolos que você aprendeu não estarão mais comandando a sua vida. Aí, não será mais uma questão de estar certo ou errado, ou de bom ou ruim. Não será mais questão de ganhar ou perder, de ser jovem ou velho, feio ou bonito. Tudo isso acabou. Não passavam de símbolos.

158 ❧ *O quinto compromisso*

Você saberá que está totalmente livre quando não tiver mais de ser o que finge ser. Essa liberdade é profunda. É a liberdade para ser o verdadeiro você e é o maior presente que pode dar a si mesmo. Imagine viver sem medo, sem julgamento, sem culpa, sem vergonha.

Imagine viver a própria vida sem tentar agradar os pontos de vista das outras pessoas, até o seu, de acordo com o seu livro da lei. Imagine como sua vida seria diferente se você vivesse com gratidão, amor, lealdade, justiça, a começar por você mesmo. Apenas imagine a união entre você e o seu corpo se você fosse totalmente leal a ele, grato por ele, se o tratasse com justiça. Imagine ser você mesmo e não tentar convencer ninguém de coisa alguma. Imagine que, simplesmente por ser você mesmo, você seja feliz, e onde quer que vá, o paraíso estará com você, porque você *é* o paraíso. Imagine viver com esse tipo de liberdade. Sim, a liberdade lhe libertará, mas primeiro você precisa *enxergar* a verdade.

Quero que você veja se sua história é a verdade ou não. Apenas testemunhe aquilo que *é*, sem emitir qualquer julgamento, porque o que quer que você esteja criando, é perfeito. Veja seu ambiente, a moldura de seu sonho, tudo à sua volta. Veja suas crenças, a maneira como elas são refletidas na história de sua vida. Veja para onde sua atenção está levando seu sonho inteiro. Não estou pedindo para você *pensar* nesse assunto. Peço para você *ver*, e ver não é pensar. É a verdade?

Bem, se não for, então agora você sabe que não precisa acreditar. Em vez disso, aprenda a *ver*. O que você acreditar, distorcerá imediatamente de acordo com os próprios conhecimentos. Mas quando você abre mão do conhecimento e vai além dos símbolos, em certo ponto da vida você começa a ser um visionário. Um visionário é um sonhador que dominou o sonho, que aprendeu a *ver*. Artista, sonhador, mensageiro, visionário — existem muitos nomes para serem dados a você. Prefiro chamar você de artista porque sua criação toda é uma obra-prima.

Essa é a chance que você tem de ver sua criação, de ver aquilo que *é*, de ver a verdade. Mas primeiro você tem de abrir mão de tudo que não é verdade, de tudo que não passa de superstição ou mentira. Se estiver disposto a convidar a verdade, descobrirá que sua história, qualquer que seja, é completamente falsa. Você sabe disso; só precisa ter coragem de soltar tudo aquilo que você não é, abrir mão do passado, se desvencilhar de sua história, porque esta não é *você*. A partir do momento em que não acreditar mais em todas as mentiras que vem dizendo a si mesmo, descobrirá que não importa muito o quanto isso é doloroso; a verdade é milhões de vezes melhor do que acreditar em mentiras.

Em qualquer romance, filme ou drama da vida real, o clímax da história é o momento da verdade. Antes dele, todo o drama vai sendo construído. A tensão vai aumentando até que a verdade chega como uma onda gigante e arrasa todas as mentiras. Nos momentos de crise, as mentiras não conseguem sobreviver à presença da verdade e desaparecem. Não há mais tensão. A paz volta com a verdade, e nos sentimos aliviados pelo fato de o drama ter terminado.

160 ~ *O quinto compromisso*

É lógico que, quando a verdade chega em nossa história, tudo aquilo em que você acredita parece estar ameaçado. O medo assume o controle e grita: "Socorro! Toda a estrutura de minha vida, tudo aquilo em que sempre acreditei, está desmoronando. O que vou fazer sem todas as minhas mentiras? Se eu não acreditar em mais nada, se eu não fizer mais fofocas, não terei mais nada a dizer." *Exatamente!* Era isso que eu vinha tentando dizer.

As pessoas me perguntam: "Se eu não acreditar mais em todos os símbolos, se eu não puser mais fé em qualquer palavra, como poderei me comunicar com os outros? Como sobreviverei sem a base daquilo que eu sei?" Como dá para perceber, o poder da dúvida está funcionando nas mentes delas, e é até maior do que antes.

Bem, se você se lembra do jeito que você era antes de aprender a falar, quando você era bem parecido com os outros animais, perceberá que naquela época conseguia se comunicar sem palavras. Sem usar o intelecto, sem usar as palavras, quero que você recupere o que costumava ser há muito tempo, que volte à autenticidade que tinha antes de aprender a falar, e experimente essa verdade. Quero que você vá direto ao coração e procure a verdade sem palavras, encontre o seu eu autêntico e faça-o emergir com todas as suas forças.

O ponto alto da sua jornada de volta para você é o momento em que finalmente se vê através dos olhos da verdade. Se você conseguir ver o seu eu autêntico, amará aquilo que vir. Verá o quanto sua presença é magnífica; verá o quanto você é lindo e maravilhoso, a perfeição em você, e isso quebrará qualquer dúvida que qualquer outra pessoa tenha posto em sua cabeça. Verá que você é luz, que você é *vida*, e quando aceitar a própria divindade, se tornará um melhor reflexo da vida.

Você está aqui para aproveitar a vida, não para sofrer o seu drama ou a sua importância pessoal. Esse não é *você*; não pertence à sua presença. Você está aqui para ser um sonhador, um artista, um visionário. Mas não se pode ser um visionário quando só se tem olhos para ver a própria história, as próprias feridas, a própria vitimização. Quando você ainda está focado no que sua mãe lhe fez há vinte ou quarenta anos, no que seu pai fez, no que seu parceiro fez, ou no que qualquer dos personagens coadjuvantes de sua história fez a você, então não está vendo a verdade. Se você só está se focando nesses dramas, então falar com você é como conversar com uma parede. O que falei lhe é familiar?

Antes de se tornar um visionário, você está muito longe da simplicidade da vida — muito longe mesmo. Você acha que sabe tudo. Você tem muitas opiniões grandiosas e tenta impô-las aos outros. Uma vez que se torna um visionário, tudo isso muda. Você passa a ver o que as pessoas fingem ser, o que elas expressam, o que elas pensam que são. Você sabe que essa não é a verdade; sabe que todo mundo só está fingindo. E o que elas querem com isso? Você não sabe ao certo, pois não é capaz de ler as mentes de todos os personagens coadjuvantes que você cria. Você mal sabe o que *você* está fingindo. Mas algo que você pode ver por trás de todo esse fingimento é a pessoa real.

162 ❧ *O quinto compromisso*

E como você pode não amar a pessoa real? Assim como você, ela vem do infinito. A pessoa real não tem nada a ver com os símbolos que chegam da voz do conhecimento; a pessoal real não tem nada a ver com história alguma.

Quando se torna um visionário, você vê o que está *por trás* da história. Entende as outras pessoas, mas elas mesmas não entendem a si mesmas. Não há maneira de elas entenderem você, e elas não precisam. A maioria dos seres humanos não tem a sua consciência, não sabem por que são do jeito que são. Não fazem a menor ideia; apenas sobrevivem. Eles não precisam acreditar em todo mundo, mas acreditam mesmo assim. Eles não confiam nem um pouco em si mesmos; não têm ideia do quanto são bons. Eles só veem o próprio conhecimento que os circunda como uma parede de neblina. Imagine ser a única pessoa sóbria no meio de mil pessoas completamente bêbadas. Você vai discutir com alguém nesse estado? Você realmente quer acreditar nelas? Você sabe que o que quer que elas digam não será a verdade. E sabe disso porque já foi um bêbado também, e nada do que você dizia era verdade.

Com consciência, você consegue entender facilmente como aquelas mentes foram preparadas para se tornarem o que são. Mas o simples fato de ter consciência não significa que você seja melhor que os outros. Ser consciente não faz de você alguém superior e não faz você ficar mais inteligente. Isso não tem nada a ver com inteligência. Sabendo isso, lógico que você é totalmente humilde. Você simplesmente não se importa. Mas existem dois jeitos de "não se importar". Há a forma da vítima no sonho da primeira atenção, e esse "eu não me importo" é só uma mentira, porque as vítimas se importam, sim, e se sentem muito machucadas e maltratadas. Elas têm todas essas feridas emocionais que estão cheias de veneno e um mecanismo de defesa que diz: "Ah, nem me importo." Mas é óbvio que elas se importam, e é óbvio que você não acreditará nesse discurso.

Quando você é um visionário, os seres humanos são extremamente previsíveis. Você consegue ver que todos os humanos no sonho das vítimas são possuídos pelo personagem principal da própria história. Esse é o ponto de vista deles — e o *único*. A maneira como eles veem a vida é muito estreita, e é assim porque suas crenças atuam como um espelho que só mostra aquilo em que querem acreditar, e é óbvio que não há verdade alguma nisso. Eles projetam o que acreditam em você, e você percebe o que eles projetam, mas não leva para o lado pessoal, porque você não parte do princípio de que o que eles estão projetando seja verdade. Você sabe que o que eles projetam é aquilo que eles acreditam sobre *si mesmos* porque você costumava fazer a mesma coisa.

Uma vez que se torne um visionário, você verá tudo o que os outros artistas fazem a si mesmos, mas o seu ponto de vista é totalmente impessoal. O processo de desaprendizagem leva você a um lugar onde não existe mais um juiz e uma vítima em sua história. É só uma história, e você sabe que ela é sua criação, mas é como se estivesse acontecendo com outra pessoa. Você vê todas as histórias, percebe todos os símbolos; vê como as pessoas jogam com tudo isso, mas isso não causa efeito sobre você, não lhe ofende, porque você está totalmente imune. Você vê os rostos, os ama, mas também está consciente de que existe alguma coisa que não pertence ao seu sonho. É o sonho pessoal que os outros artistas estão sonhando, e você tem total respeito pelo sonho deles, pela criação deles.

Respeito é uma bela palavra e é um dos símbolos mais importantes que podemos entender. Imagine que você nunca tenha ouvido essa palavra, e vamos inventar e entrar num acordo quanto ao que ela significa, porque, assim como acontece com qualquer outro símbolo, precisamos concordar com ele, ou não vai funcionar conosco. O respeito, como muitos outros símbolos, começa com nós mesmos e então vai para todos e tudo que está à nossa volta. Se não respeitarmos a nós mesmos, como respeitaremos os outros ou qualquer outra coisa?

Quando você se respeita, isso significa que você se aceita exatamente do jeito que é. Quando respeita os outros, isso significa que você os aceita exatamente do jeito que são. Quando respeita tudo o que existe na natureza — os animais, os oceanos, a Terra, a atmosfera —, isso significa que você aceita toda a criação exatamente como ela é. Quando chegamos a esse mundo, tudo já havia sido criado. Não foi nossa escolha o que tinha de ser criado ou não. Já estava feito, e nós respeitamos isso. Podemos fazer melhor? Talvez sim, mas acho que não. Então o respeito se refere à completa aceitação das casas que existem exatamente do jeito que elas são e não do jeito que queremos que sejam. Esse é mais ou menos o significado da palavra *respeito*.

Tornando-se um visionário   ❧ *165*

Uma vez que se aceita exatamente do jeito que é, não faz mais julgamentos a seu respeito. Uma vez que você aceita a todos como eles são, também não emite mais julgamentos sobre eles. E então uma coisa incrível acontece em seu mundo: você encontra a paz. Você não está mais em conflito consigo mesmo nem com mais ninguém. Todos os conflitos da humanidade acontecem porque não existe respeito. Toda guerra acontece porque não aceitamos o modo de viver dos outros artistas. Em vez de respeitar os direitos deles, começamos a impor nossas crenças sobre eles. Em vez de paz, há guerra.

O respeito é como um limite. O que chamamos de "nossos direitos" andam junto ao respeito. Nós temos os nossos direitos, assim como tudo o que existe no universo. Vivemos em um mundo que compartilhamos com bilhões de outros seres humanos, e o respeito torna possível que todos os sonhadores vivam em paz e em harmonia.

No sonho da segunda atenção, começamos a criar nosso paraíso pessoal e, quando alcançamos o sonho da terceira atenção, nossa vida já *é* um paraíso. O paraíso é um reino do qual somos o rei ou a rainha. Tenho o meu reino pessoal, e é o paraíso, mas ele nem sempre foi assim. Ele só se tornou o paraíso quando não julguei mais a mim ou a mais ninguém — quando decidi respeitar o meu reino completamente, assim como o de todas as outras pessoas. O quinto compromisso também está relacionado ao respeito, porque eu respeito os outros artistas quando *escuto* sua história. Em vez de ajudar os outros artistas a escrever a história deles, permito que eles mesmos as escrevam.

Nunca serei aquele que vai escrever sua história, da mesma maneira que nunca permitirei a ninguém que escreva a minha. Eu respeito sua mente, seu sonho, sua criação. Respeito o que quer que você acredite. Eu lhe respeito quando não tento dizer a você como viver a própria vida, como se vestir, como andar, falar ou como fazer o que quer que você faça no seu reino. Se eu tentar controlar o seu reino, já não estarei lhe respeitando mais, e nós vamos entrar em uma guerra de controle pelo seu reino. Se eu tentar controlar você, perderei minha liberdade. Então, minha liberdade é deixar que você seja o que quiser, o que quer que você queira ser. Não é minha função mudar sua realidade virtual. Minha função é mudar a mim mesmo.

Você é o rei ou rainha de seu reino. É a sua criação; é onde você vive, e ele é todo seu. Você está sonhando o seu reino, e pode ser imensamente feliz dentro dele. Como? Primeiro, precisa respeitar o seu próprio reino, ou então ele deixará de ser um paraíso muito rapidamente, passando a ser um inferno. Segundo, você não vai permitir que ninguém desrespeite o seu reino. Quem quer que faça isso será expulso dele. É seu reino e sua vida. Você tem o direito de viver a própria vida, à própria maneira, e não há um jeito errado, o que é apenas mais um julgamento que nós criamos.

Uma vez que tenha vencido sua guerra pessoal, você não emite mais julgamentos sobre nada, e os julgamentos dos outros não lhe atingem. É lógico que você comete erros como todo mundo, mas existe uma justiça perfeita em sua cabeça. Você só paga uma vez por cada erro, e, como você é gentil consigo mesmo, e ama a si mesmo, o preço é bem baixo.

Tornando-se um visionário 🌿 *167*

Talvez essas palavras que estou compartilhando contigo tenham um significado que faça sentido para aquela voz que vive em sua cabeça. E talvez essa voz possa começar a sonhar com essa nova informação, decidindo parar de ser uma tirana, de lhe julgar e parar de lhe punir. O dia de seu julgamento final pode estar prestes a chegar. Só depende de você. Se conseguir convencer o tirano a parar de lhe julgar, então muito em breve tudo mudará para você.

Imagine que, em vez de adversário, o tirano passe a ser seu aliado, e em vez de conduzir sua vida para o drama, ele o ajude a manter a calma. Com tal aliança, ele nunca mais se voltará contra você outra vez; nunca mais vai lhe sabotar, mas facilitar o que quer que você crie. E então a mente passa a ser uma ferramenta poderosa do espírito; se transforma numa aliada poderosa. O resultado é um sonho completamente diferente: seu paraíso pessoal.

No sonho do paraíso, você se rende totalmente à vida, sabendo que tudo simplesmente é do jeito que é. E por aceitar tudo do jeito que é, você não se preocupa com mais nada. Sua vida passa a ser emocionante porque não existe mais medo. Você sabe que está fazendo exatamente aquilo que deveria e que tudo o que aconteceu era para ter acontecido. Mesmo as coisas que considera terem sido seus piores erros tinham de ter acontecido, porque elas lhe levaram a uma maior consciência. Até o pior que puder lhe acontecer precisará ter acontecido, porque vai lhe impelir em direção ao crescimento.

168 ❧ *O quinto compromisso*

Qual é a pior coisa que pode acontecer a qualquer um de nós? Morrer? Todos nós vamos morrer, e, quanto a isso, não há nada que possamos fazer. Podemos curtir a viagem ou resistir e sofrer. Resistir, porém, é uma futilidade. Nós somos programados para ser o que somos e só podemos ser isso. Mas dentro de nossa realidade virtual podemos ir contra nossa própria programação, e é assim que criamos todo um mundo de resistência. A luta é só uma resistência e a resistência gera sofrimento.

Quando você se entrega à vida, tudo muda como num passe de mágica. Você se entrega àquela força que corre pelo seu corpo, pela sua mente, e essa é uma maneira totalmente nova de encarar a vida. É um jeito de ser. É ser *vida*. Você é feliz por ser *verdade*. Você é feliz onde quer que esteja, com o que quer que faça. Mesmo quando está chateado ou cria problemas, você curte a vida. Você é livre, e essa é a liberdade de um mestre dos sonhos que não está acorrentado ao sonho. Você se prende ao sonho por meio da atenção e se desprende quando quiser. O sonho exterior quer prender sua atenção, e você permite que a conexão seja feita, mas pode se soltar a qualquer hora. De um momento para outro, você pode mudar o que está sonhando e começar tudo de novo.

A cada momento, você faz uma escolha sobre o que quer manter e o que quer soltar. Mas não com palavras. Você não precisa elaborar uma história, mas pode, se quiser. Em sua história, você pode culpar o mundo inteiro pelo que estiver lhe acontecendo, ou pode assumir a responsabilidade por ela, ser o artista, ver a história e mudá-la de acordo com sua preferência. Você pode ser rico ou pobre. Isso não importa. Pode ser famoso ou não, e isso também não é importante. Ser famoso em um mundo de trevas não me parece muito divertido. Ser o comandante do inferno também não me parece divertido, mas é uma escolha, e você pode optar por isso. Se você assumir a responsabilidade pela sua criação, poderá criar o que quiser na vida; pode reescrever a própria história e recriar seu sonho. E se decidir colocar o seu amor na criação, poderá transformar todas as histórias que costumavam ser um drama nas mais maravilhosas comédias românticas.

Talvez você ainda não tenha terminado sua história, e quem sabe se algum dia terminará ou não. Honestamente, isso não é importante. O que quer que você faça de sua vida não é tão importante assim. O que qualquer pessoa faz com a própria vida também não é relevante e não é problema seu. Dificilmente algo tem essa importância toda. Mas podemos dizer que uma coisa é importante: a própria *vida*; é a própria *intenção*, o Criador. A criação não é tão importante; a manifestação vai mudar dia a dia, momento a momento, de geração em geração. A vida é eterna, mas o seu sonho só existe enquanto você vive no corpo físico. Seja lá o que tenha feito aqui, não levará consigo. Você não precisa. Nunca precisou; nunca vai precisar.

Mas isso não significa que você não vá criar. É lógico que vai, pois isso é de sua natureza. Você está sempre criando, está sempre se expressando. Você nasceu artista, e sua arte é a expressão de seu espírito; é a expressão daquela força que você é.

O quinto compromisso

Você sabe o quanto é poderoso, e esse poder é real. Você sabe o que aprendeu e sabe que todo o seu conhecimento não é real.

A verdade está acontecendo bem na sua frente. Experimentar a vida é experimentar a verdade. *Ver* a verdade faz uma grande diferença em seu mundo; *tornar-se* a verdade é o real objetivo, porque esse é o verdadeiro você. O que não é verdadeiro não tem importância. O seu desejo pela verdade — e o seu amor por ela — é o que tem importância, e esse é o verdadeiro ensinamento.

13

As três línguas

Que tipo de mensageiro você é?

O quinto compromisso é o ensinamento mais avançado dos toltecas, porque ele nos prepara para voltar ao que realmente somos: mensageiros da verdade. Enviamos uma mensagem cada vez que falamos e, se não enviarmos a verdade, é porque não temos consciência do que somos de fato. Bem, os Quatro Compromissos ajudam-nos a recuperar a consciência do que somos, a ter consciência do poder de nossa palavra. Mas o verdadeiro objetivo é o quinto compromisso, porque ele nos leva além da simbologia, tornando-nos responsáveis pela criação de cada palavra. O quinto compromisso nos ajuda a recobrar o poder da crença que investimos nos símbolos, e quando vamos

172 ❧ *O quinto compromisso*

além deles, o poder que encontramos é incrível, porque é o do criador artístico, o poder da vida, o *verdadeiro* nós.

O quinto compromisso é para aquilo que chamo de *treinamento do mensageiro*, ou *treinamento do anjo*, porque é direcionado a mensageiros dotados da consciência de que têm uma mensagem a enviar. *Anjo* é uma palavra grega que significa "mensageiro". Os anjos realmente existem, mas não aqueles alados da religião. Todos somos mensageiros; todos nós somos anjos, mas não temos asas e não acreditamos em anjos com asas. A história da religião que fala de tais anjos é apenas um símbolo, e sendo assim, as asas significam que nós podemos voar.

Anjos voam e transmitem informações, uma mensagem, e a verdadeira mensagem é a vida, ou a verdade. Mas há muitos mensageiros neste mundo que não enviam vida, que não entregam a verdade. O mundo é habitado por bilhões de mensageiros, com ou sem consciência. É óbvio que a maioria não tem consciência alguma, sendo programada simplesmente para passar e receber mensagens, mas sem saber que é mensageira. A maioria dos seres humanos na Terra não tem a menor ideia de que os símbolos são a própria criação. Não tem a menor ideia de onde vem o poder dos símbolos, ou seja, os símbolos têm controle total sobre ela.

Que tipo de mensageiros esses seres são? A resposta é óbvia. Você vê as consequências no mundo. Basta olhar à sua volta e terá a resposta. Quando descobre isso, o quinto compromisso passa a fazer ainda mais sentido. *Seja cético, mas aprenda a escutar.* O que fará diferença nesses mensageiros? A resposta é: consciência. É isso o que o treinamento de mensageiros faz por nós, nos ajuda a tomar consciência do tipo de mensagem que estamos enviando neste mundo.

Da perspectiva dos toltecas, só existem três maneiras de se passar uma mensagem, ou digamos que só existam três línguas no mundo dos seres humanos: a da fofoca, a do guerreiro e a da verdade.

A língua da fofoca é aquela que todos os seres humanos falam. Todo mundo sabe fofocar. Quando falamos essa língua, nossa mensagem é distorcida; fofocamos sobre tudo e sobre todos à nossa volta, mas principalmente a nosso respeito. Se viajamos para outro país e ouvimos as pessoas falarem um idioma diferente do nosso, descobrimos que não faz diferença a simbologia que elas usam, elas falam como nós na linguagem da fofoca, naquilo que chamo de o grande *mitote.* No sonho comum sem consciência, o grande *mitote* domina a mente humana e cria todos os desentendimentos, todas as distorções na maneira como interpretamos o significado das palavras.

A língua da fofoca é a da vítima; é a linguagem da injustiça e da punição. É a linguagem do inferno porque todas essas fofocas se constituem exclusivamente de mentiras. Mas os seres humanos sempre se comunicarão utilizando essa forma, porque nós somos programados para fazer fofoca até que algo que também esteja no programa mude dentro de nós. Então, nos rebelaremos contra as fofocas, e a guerra dentro de nossa mente terminará — a guerra entre verdades e mentiras.

174 ～ *O quinto compromisso*

A segunda língua é a do guerreiro. Quando usamos essa língua, às vezes falamos a verdade e, às vezes, mentiras, dependendo de nossa consciência. De vez em quando acreditamos nas mentiras, o que nos leva direto ao inferno, e às vezes acreditamos na verdade, o que nos leva direto ao paraíso. Mas ainda precisamos *acreditar*, o que significa que os símbolos ainda detêm o poder de nossas crenças. Como guerreiros, pulamos de um sonho para outro; às vezes estamos no paraíso, outras no inferno. Como você pode imaginar, a língua do guerreiro é mil vezes melhor do que a da fofoca. Porém, mais uma vez, os seres humanos são programados para mudar a linguagem que falam e para saber mais de uma língua.

A terceira língua é a da verdade, e quando a usamos, quase não falamos. A essa altura, já sabemos sem qualquer dúvida, que os símbolos que usamos são uma criação nossa. Sabemos que damos significado a todos eles para nos comunicar com nossa espécie; utilizamos esses símbolos impecavelmente, da melhor maneira que pudermos, para transmitir nossa mensagem, para nos entregar, porque *nós* somos a mensagem. Finalmente, não existem mais mentiras, porque dominamos a consciência, porque vemos a nós mesmos como vida, como verdade.

A língua da verdade é muito exclusiva por ser a língua do mestre dos sonhos, do artista que dominou o sonho. No mundo do mestre, há sempre música, arte e beleza. Os artistas magistrais estão sempre felizes. Vivem em paz e curtem a vida.

Essas três formas de comunicação formam aquilo que chamo de as línguas 1-2-3, A-B-C e Dó-Ré-Mi. A língua da fofoca é 1-2-3, porque é fácil de ser aprendida e é a língua que todo mundo fala. A do guerreiro é o A-B-C, visto que o guerreiro é aquele que se rebela contra a tirania dos símbolos. A língua da verdade é a Dó-Ré-Mi, pois é para os artistas que têm a música na cabeça em vez de um grande *mitote*.

A língua Dó-Ré-Mi é a que eu mais gosto de falar. Minha cabeça está sempre repleta de música porque ela distrai a mente, e quando a mente não atrapalha, torna-se pura *intenção*. Eu sei que toda essa música que está em minha cabeça não passa de um sonho, mas pelo menos, com elas, não estou pensando nem inventando uma história.

Evidentemente, posso criar uma história se quiser, e ela pode ficar bem bonita. Posso focar minha atenção nos símbolos e utilizar os que você entende para me comunicar contigo. Também posso usá-los para escutar o que você diz. Geralmente é sobre sua história. Você me conta várias coisas que acredita serem verdade, e eu sei que não são. Mas quando você me conta, eu escuto, e então sei exatamente de onde você vem. Vejo aquilo que você talvez não veja. Vejo o *verdadeiro* você, não aquele que finge ser; este é tão complicado que nem perco meu tempo tentando entender. Eu sei que não é *você*. O verdadeiro você é a sua presença e ela é tão linda e maravilhosa quanto qualquer coisa que existe na Terra.

Quando você vê uma rosa, linda e aberta, a própria presença dela faz você se sentir magnificamente bem. Você não precisa dizer a si mesmo o quanto a rosa é linda; pode ver toda a beleza e a atmosfera de romance dela; sente seu cheiro, e ela nunca fala uma palavra. Você compreende a mensagem, mas não com palavras. Se você entrar numa floresta, verá passarinhos falando com outros passarinhos, e árvores falando com outras árvores, usando um tipo de simbologia diferente. Você consegue perceber a comunicação interna de tudo o que existe à sua volta, e isso é incrível. Nesse mundo há mensageiros por todo canto, mas algum dia você já pensou nisso?

Você já percebeu que, desde que chegou a esse mundo, sempre tem passado uma mensagem? Mesmo antes de nascer, quando sua mãe soube que estava grávida, sua mensagem estava presente. Seus pais mal podiam esperar pela sua chegada, pelo momento de seu nascimento. Eles sabiam que um milagre estava acontecendo, e assim que você nasceu, entregou sua mensagem imediatamente, sem palavras. Eles sentiram sua presença. Era o nascimento de um mensageiro e a mensagem era *você*.

Você era a mensagem e continua sendo, mesmo tendo sido muito distorcido pelo reflexo dos outros mensageiros. Não é culpa dos outros, nem sua; na verdade, não é culpa de ninguém. A distorção é perfeita, porque só existe perfeição, mas aí você cresceu, tornou-se consciente e pôde optar por passar uma mensagem diferente. Você pode escolher ser um melhor reflexo da vida ao escolher o idioma que você fala. Pode mudar a maneira como envia uma mensagem, a maneira como se comunica consigo mesmo e com as outras pessoas.

Agora, uma pergunta simples para você. Quero que entenda a questão, mas não permita que aquela voz em sua cabeça a responda. Permita apenas que essas palavras cheguem direto ao seu coração, onde você possa sentir o significado e a intenção por trás delas. A pergunta é a seguinte: *Que tipo de mensageiro é você?* Isso não é um julgamento. É só uma pequena dúvida para sua mente, mas um grande passo para a consciência. Se entender o questionamento, então essa pequena dúvida pode, sozinha, mudar toda a sua vida.

Que tipo de mensageiro é você? Você emite a verdade ou mentiras? Percebe a verdade ou apenas as mentiras? A questão toda gira entre verdades e mentiras. Esse é o cerne da questão, e é isso que faz toda a diferença, porque todos os conflitos — sejam internos ou entre seres humanos — resultam do ato de proferir mentiras e acreditar nelas.

Que tipo de mensageiro é você? O de fofocas e mentiras? Você se sente à vontade com todas as mentiras, fofocas e todo o drama que surgem como resultado de acreditar em mentiras? É isso que você compartilha com todos à sua volta? É isso que você ensina aos seus filhos? Você ainda culpa seus pais pelos próprios problemas? Lembre--se de que eles fizeram o melhor que podiam, e se lhe maltrataram, não foi nada pessoal, mas em função dos próprios medos que eles tinham; foi devido ao que eles acreditavam. Se eles lhe trataram mal, é porque também foram maltratados. Se machucaram você é porque também foram machucados. É uma corrente contínua de ação e reação. Você continuará a ser parte dessa corrente ou ela acaba em você?

Que tipo de mensageiro é você? É o guerreiro que luta entre o paraíso e o inferno? Você ainda acredita nas pessoas que lhe dizem "a verdade é essa" ou em suas próprias mentiras? Que tipo de mensagem você está passando para as pessoas que mais ama, se aquela que transmite a si mesmo está lhe guiando para o inferno? Que tipo de mensagem você está emitindo às suas crianças, a quem você tanto ama? Que tipo de mensagem você está passando ao seu amado, aos seus pais, irmãos, amigos e a todos os que estão à sua volta?

Que tipo de mensageiro é você? Se me disser o tipo de sonho que está criando para si, vou responder essa pergunta. Como você se trata? Você é gentil consigo mesmo? Você respeita a si e aos outros? Como se sente a seu respeito? Você gosta de si mesmo? Tem orgulho de si mesmo? Está feliz com você mesmo? Existe algum drama ou alguma injustiça em seu sonho? Seu sonho tem um juiz e uma vítima? É um sonho de predadores, de violência? Se for, o seu sonho está distorcendo sua mensagem. O juiz, a vítima e todas essas vozes em sua cabeça estão distorcendo tudo.

Nesse exato instante, você está passando uma mensagem a você mesmo e a todos os que estão à sua volta. Você está sempre transmitindo uma mensagem e está sempre recebendo alguma de uma mente para outra. Qual é a mensagem que você está mandando para o mundo? Ela é impecável? Você chega a perceber que está sempre utilizando símbolos?

Apenas observe sua mensagem. As palavras que você fala vêm da verdade ou estão vindo da voz do conhecimento, do tirano, do grande juiz? Quem está transmitindo a mensagem? Será o *verdadeiro* você? Esse é o seu sonho. Se não for o verdadeiro você, então quem está fazendo isso? Não é uma boa pergunta?

Consegue ver o impacto das palavras que reflete para os outros enquanto fala? Imagine apenas que você esteja falando com uma parede. Não espere uma resposta. Não é função da parede entender o que você diz. Isso é para você ver o que está saindo de sua boca, para começar a perceber o impacto de suas palavras em tudo que existe à sua volta. Ao falar com uma parede, sua mensagem se torna cada vez mais nítida. Depois disso, a importância de ser impecável fica óbvia.

Agora quero que você use sua imaginação para ver o tipo de interações que sempre teve com as outras pessoas. Tenho certeza de que você tem muitas memórias de suas interações com todos à sua volta. As pessoas estão sempre passando mensagens e você sempre as percebe. Que tipo de mensageiros são as outras pessoas de sua vida? Que tipo de mensagens elas sempre mandaram a você? Como foi que todas essas mensagens lhe afetaram? De todas as mensagens que recebeu, com quantas você concordou, tomando-as como se fossem suas? Quantas delas você ainda está passando hoje? Se estiver transmitindo as mensagens de outras pessoas, de quem elas são?

Apenas tenha a consciência do tipo de mensagem que você passou e que recebeu ao longo de toda sua vida. Você não precisa julgar ninguém e nem a si mesmo. Basta se perguntar: *Que tipo de mensageiro eu sou? Que tipo de mensageiras são as outras pessoas de minha vida?* Esse é um grande passo na direção do domínio da consciência, um grande passo para se tornar um visionário.

180   ❧   *O quinto compromisso*

Uma vez que esteja consciente das mensagens que transmite — e daquelas que as outras pessoas estão passando para você —, o seu ponto de vista se modifica com força e com firmeza. Você percebe com facilidade as mensagens que os outros estão lhe enviando, assim como o tipo de mensageiro que eles são. Então chega o momento em que sua consciência está tão expandida que você percebe com facilidade as mensagens que está passando para os outros, vendo exatamente o tipo de mensageiro que você é. Percebe o efeito de suas palavras, o efeito de suas ações e o de sua presença.

Você está sempre passando uma mensagem para tudo e todos que estão à sua volta, mas principalmente a você mesmo. *Qual é a mensagem?* Essa mensagem é a mais importante, porque afeta toda a sua vida. Você é o mestre que transmite a verdade? É a vítima que emite mentiras? Bem, realmente não faz muita diferença se você é o mestre, se é um mensageiro da fofoca, cheio de veneno, ou se é o guerreiro que vive para cima e para baixo, do paraíso ao inferno e vice-versa. Você passa a informação que tem dentro de você. Ela não é certa ou errada, boa ou ruim; é aquilo que você sabe. É o que você aprendeu ao longo de sua vida inteira, e realmente não faz muita diferença o conteúdo. Realmente não faz muita diferença o que você andou ensinando, o que andou compartilhando.

O que interessa de fato é ser o que você realmente é — ser autêntico, curtir a vida, ser amor. E não o *símbolo* do amor que as pessoas distorceram, mas o *verdadeiro* amor — o sentimento que não pode ser expresso em palavras, o amor que é resultado de ser o que você realmente é. Lembre-se sempre: você é a força que está criando tudo aquilo que existe; que faz uma flor desabrochar e as nuvens se moverem, assim como a Terra, as estrelas e as galáxias. Qualquer que seja a sua mensagem, ame-se de qualquer maneira, *por causa* do que você é, por *respeitar* o que você é. Você não precisa ser diferente, a não ser que se ame tanto que não esteja mais satisfeito com o tipo de mensageiro que você é.

Talvez você tenha usado mal a palavra porque era inocente e não tinha consciência. Mas o que acontece quando você tem a consciência e continua fazendo a mesma coisa? Uma vez consciente, você já não pode se fazer de inocente. Você sabe exatamente o que está fazendo, e seja o que for, continua a ser perfeito, mas agora a decisão é sua; a escolha é sua. Agora a pergunta passa a ser: Que tipo de mensagem você *escolhe* passar? Verdadeiras ou falsas? De amor ou de medo? A minha escolha é passar uma mensagem de verdade e de amor. E a sua?

Epílogo

Ajude-me a mudar o mundo

*S*e você não estiver mais satisfeito com o tipo de mensageiro que é, se quiser se tornar um mensageiro da verdade e do amor, então lhe convido a participar de um novo sonho para a humanidade, um no qual *todos nós* podemos viver em harmonia, verdade e amor.

Nesse sonho, pessoas de todas as religiões e de todas as filosofias não apenas são bem-vindas, como respeitadas. Cada um de nós tem o direito de acreditar naquilo que quiser e seguir a religião ou filosofia que quiser. Não importa se acreditamos em Cristo, Moisés, Alá, Brahma, Buda ou qualquer outro ser ou mestre; todos são convidados a compartilhar esse sonho. Não espero que vocês acreditem em todas as minhas histórias,

184   ~   *O quinto compromisso*

mas se elas ressoaram dentro de você, se você conseguiu sentir a verdade *por trás* das palavras, então façamos mais um compromisso: *Ajude-me a mudar o mundo.*

É lógico que a primeira pergunta é: Como você mudará o mundo? A resposta é fácil. Mudando o *seu* mundo. Quando lhe peço ajuda para mudar o mundo, não estou falando do planeta Terra. Refiro-me ao mundo virtual que existe em sua cabeça. A mudança começa em você, que não me ajudará a mudar o mundo se não mudar o próprio mundo primeiro.

Você vai mudar o mundo amando a si mesmo, curtindo a vida, fazendo de seu mundo pessoal um sonho de paraíso. E peço sua ajuda porque você é o único que pode mudar o próprio mundo. Se decidir que quer mudar o seu mundo, a maneira mais fácil é utilizando as ferramentas, que não são mais do que senso comum. Os Cinco Compromissos são as ferramentas para mudar o seu mundo. Se você for *impecável com sua palavra*, se *não levar nada para o lado pessoal*, se *não tirar conclusões*, se *sempre der o melhor de si* e se for *cético, enquanto escuta*, não haverá mais guerra em sua cabeça; apenas paz.

Se você praticar os Cinco Compromissos, seu mundo ficará melhor, e você vai querer repartir sua felicidade com as pessoas que ama. Mas mudar o mundo não é uma questão de mudar os personagens coadjuvantes de sua história. Se você quiser mudar o mundo, o *seu* mundo, terá de mudar o personagem principal da narrativa. Se fizer isso, então num passe de mágica, todos os personagens coadjuvantes começarão a mudar também. Quando você mudar, seus filhos mudarão, porque a mensagem

Epílogo 185

que você transmitir a eles mudará também. A mensagem que você mandar para sua esposa ou seu marido também sofrerá mudanças. O relacionamento com seus amigos, idem. E talvez o mais importante, sua relação com você mesmo será diferente.

Quando você muda a mensagem que manda para si mesmo, fica mais feliz, e só com isso as pessoas à sua volta também se beneficiarão. O seu esforço realmente vale para todos, porque a sua alegria, a sua felicidade e o seu paraíso são contagiantes. Quando está feliz, as pessoas à sua volta também ficam felizes, e isso as inspira a mudar o mundo delas.

Nós representamos todo um legado, e, quando digo *nós*, estou falando de todos os seres humanos. O nosso legado é o amor; é a alegria, a felicidade. Vamos aproveitar este mundo, curtir uns aos outros. Nossa função é amar uns aos outros e não odiar. Vamos parar de pensar que nossas diferenças nos tornam superiores ou inferiores em relação aos outros. Não vamos acreditar nessa mentira. Não pensemos que cores diferentes fazem de nós pessoas diferentes. O que isso tem a ver? É só mais uma mentira. Não precisamos acreditar em todas as mentiras e superstições que controlam nossas vidas. Esse é o momento para dar um fim a todas as mentiras e superstições que não ajudam pessoa alguma. Esse é o momento de pôr um fim ao fanatismo. Nós podemos voltar à verdade e ser os mensageiros da verdade.

Temos uma mensagem a passar, que é o nosso legado. Quando éramos crianças, recebemos o legado de nossos pais e antepassados. Recebemos um mundo maravilhoso, e é a nossa vez de oferecer aos nossos filhos e netos um planeta onde eles possam morar tão maravilhosamente quanto nós, agora. Podemos parar de destruir nosso planeta; podemos parar de destruir uns aos outros. Os seres humanos podem viver em harmonia. É incrível o que podemos fazer se realmente tivermos vontade. Tudo que nós precisamos é ter consciência do que estamos fazendo e voltar à nossa autenticidade.

Sei que temos as nossas diferenças porque vivemos em nosso sonho pessoal, mas podemos respeitar os sonhos dos outros. Podemos concordar em trabalhar juntos, sabendo que cada um de nós é o centro do próprio sonho. Cada um de nós tem suas crenças individuais, o próprio ponto de vista. Existem bilhões de pontos de vista diferentes, mas a luz é a mesma, a força de vida por trás de cada um de nós, também.

Ajude-me a mudar o mundo é um convite para ser autêntico e livre. Abra seu coração para receber esse compromisso. Não estou pedindo para você *tentar* mudar o mundo. Não *tente*. Apenas faça. Parta para a ação hoje. O legado que deixamos aos nossos filhos e netos pode ser magnífico. Podemos mudar toda a nossa maneira de pensar e mostrar-lhes como ter um caso de amor com a vida. Podemos viver em nosso paraíso pessoal, que nos acompanha aonde formos. Não é verdade que nós viemos a esse planeta para sofrer. Esse belo planeta Terra não é um vale de lágrimas. O nosso novo jeito de pensar pode substituir todas essas mentiras e nos levar a um lugar maravilhoso para se viver a vida.

Epílogo 187

Aonde quer que eu vá, ouço pessoas dizerem que nós viemos ao mundo com uma missão, que temos algo a fazer nesta vida, algo a transcender. O quê, eu não sei. Acredito que viemos com uma missão, mas ela realmente não tem a ver com transcender algo. A missão que você tem, e isso vale para todos nós, é tratar de ser feliz. O "como" pode surtir das milhões de maneiras diferentes de fazer o que você gosta, mas a missão de sua vida é aproveitar cada momento dela. Sabemos que mais cedo ou mais tarde nossos corpos físicos não existirão mais. Nós só temos alguns alvoreceres, alguns pores do sol e algumas luas novas para curtir. Esse é o nosso momento de estar vivo, de estar completamente presente, de se divertir e de divertir os outros.

Nos últimos cem anos, a ciência e a tecnologia avançaram com muita rapidez, mas a psicologia ficou para trás. Está na hora da psicologia se equiparar. Está na hora de mudarmos nossas crenças a respeito da mente humana, e o que estou vendo agora é quase uma emergência, porque com os computadores e a internet do jeito que estão, as mentiras podem dar a volta ao mundo com muita rapidez e sair completamente do controle.

Vai chegar o momento em que os seres humanos não acreditarão mais em mentiras. Começamos por nós, mas o objetivo é mudar toda a humanidade e não só o próprio mundo. Mas como poderemos mudar a humanidade se não mudarmos primeiro nosso próprio mundo? É óbvio que não é fácil fazer essa separação porque na verdade nós temos de fazer as duas coisas ao mesmo tempo.

Portanto, vamos fazer a diferença neste mundo. Vamos vencer a guerra em nossa cabeça e mudar o mundo. De quanto tempo será necessário até que o mundo inteiro mude? Duas, três ou quatro gerações? A verdade é que não interessa quanto tempo vai demorar. Nós não estamos com pressa, mas também não temos tempo a perder. Ajude-me a mudar o mundo.

Sobre os autores

Don Miguel Ruiz

Don Miguel Ruiz é autor de *Os quatro compromissos* (best-seller do *New York Times* por mais de sete anos), *O domínio do amor* e *A voz do conhecimento,* sendo bem vendido internacionalmente. Seus livros venderam mais de 7 milhões de exemplares nos Estados Unidos e foram traduzidos para dezenas de idiomas por todo o mundo. Há quase trinta anos, Don Miguel tem dividido sua mistura única de sabedoria antiga com a consciência dos dias atuais por meio de palestras, workshops e viagens a locais sagrados no mundo inteiro.

Don Jose Ruiz

Don Jose Ruiz cresceu em um mundo onde tudo era possível. Assim que começou a falar, tornou-se aprendiz de seu pai *nagual* (xamã, um guia espiritual), Don Miguel Ruiz, e de sua avó *curandera*, Mãe Sarita. Na adolescência, viajou para a Índia para estudar com amigos de seu pai e, aos 23 anos, tornou-se o sucessor da linhagem familiar. Na tradição de seus antepassados, Don Jose dedicou a vida a compartilhar os ensinamentos dos antigos toltecas. Nos últimos sete anos, deu palestras e aulas de iniciação pelos Estados Unidos e em locais sagrados do mundo inteiro.

Para mais informações sobre os programas que estão sendo oferecidos atualmente por Don Miguel Ruiz, Don Jose Ruiz e Don Miguel Ruiz Jr., favor visitar o site: www.miguelruiz.com

Janet Mills

Janet Mills é fundadora e editora da Amber-Allen Publishing. É editora e coautora da série de sabedoria tolteca de Don Miguel Ruiz e editora do best-seller internacional de Deepak Chopra, *As sete leis espirituais do sucesso*. A missão de sua vida é publicar livros de beleza, integridade e sabedoria duradouras, e inspirar os outros a realizar seus sonhos mais desejados.

Este livro foi composto na tipografia Adobe
Garamond pro, em corpo 12,5/16,5, e impresso
em papel off-white no Sistema Cameron da
Divisão Gráfica da Distribuidora Record.